A arte de [não] se deixar ferir

Dados Internacionais de Catalogação na Publicação (CIP)
(Câmara Brasileira do Livro, SP, Brasil)

Fincke, Rainer
  A arte de [não] se deixar ferir / Rainer Fincke, Ulla Peffermann-Fincke ; tradução de Markus A. Hediger. – Petrópolis, RJ : Vozes, 2023.

  Título original: Die Kunst, sich (nicht) verletzen zu lassen.

  1ª reimpressão, 2023.

  ISBN 978-65-5713-762-8

  1. Autoconhecimento (Psicologia) 2. Autopercepção 3. Impulsos 4. Mágoa 5. Mudança de atitude 6. Mudança de vida 7. Superação 8. Trauma psíquico – Aspectos religiosos – Cristianismo I. Peffermann-Fincke, Ulla. II. Título.

22-132353   CDD-259.6

Índices para catálogo sistemático:
1. Trauma : Superação : Cristianismo 259.6

Eliete Marques da Silva – Bibliotecária – CRB-8/9380

Rainer Fincke
Ulla Peffermann-Fincke

A arte de [não] se deixar ferir

Tradução de Markus A. Hediger

EDITORA
VOZES

Petrópolis

© Vier-Türme GmbH, Verlag, Münsterchwarzach, 2018.

Tradução realizada a partir do original em alemão intitulado *Die Kunst, sich (nicht) verletzen zu lassen.*

Direitos de publicação em língua portuguesa – Brasil:
2023, Editora Vozes Ltda.
Rua Frei Luís, 100
25689-900 Petrópolis, RJ
www.vozes.com.br
Brasil

Todos os direitos reservados. Nenhuma parte desta obra poderá ser reproduzida ou transmitida por qualquer forma e/ou quaisquer meios (eletrônico ou mecânico, incluindo fotocópia e gravação) ou arquivada em qualquer sistema ou banco de dados sem permissão escrita da editora.

CONSELHO EDITORIAL

Diretor
Volney J. Berkenbrock

Editores
Aline dos Santos Carneiro
Edrian Josué Pasini
Marilac Loraine Oleniki
Welder Lancieri Marchini

Conselheiros
Elói Dionísio Piva
Francisco Morás
Gilberto Gonçalves Garcia
Ludovico Garmus
Teobaldo Heidemann

Secretário executivo
Leonardo A.R.T. dos Santos

Editoração: Natalia Machado
Diagramação: Sheilandre Desenv. Gráfico
Revisão gráfica: Alessandra Karl
Capa: Editora Vozes
Ilustração de capa: Mascha Greune

ISBN 978-65-5713-762-8 (Brasil)
ISBN 978-3-7365-0154-6 (Alemanha)

Este livro foi composto e impresso pela Editora Vozes Ltda.

Sumário

Prefácio, 7
Introdução – Força e graça, 9
   Fontes de força, 9
   Graça – dádiva de possiblidades, 10
   Transformação, 11
   Mágoas e ferimentos como fenômenos da sociedade da comunicação, 13
   Escola/faculdade, 14
   Trabalho, 16
   Casamento e família, 17
Quem sou eu? – Minha vulnerabilidade pessoal, 19
   Autopercepção como precondição para lidar ativamente com ferimentos, 19
   Tipologia de personalidades: o eneagrama, 21
   Tipologia de personalidades: formas básicas do medo, 28
   Sentido e propósito de modelos de personalidade, 30
   Quem sou eu? – A visão espiritual, 31
A arte de não se ferir, 35
   Como surgem ferimentos?, 38
   Reconhecer o *ponto doloroso*, 40
   Como lidar construtivamente com ferimentos, 42
   Como evitar ferimentos, 54

A arte de ser vulnerável, 59
   Verdades duras, 60
   Às vezes só uma catástrofe ajuda, 63
   O mistério do cristianismo: cruz e ressurreição como fonte de cura, 66
   A dificuldade com a cruz, 71
   Anteriormente em..., 75
   A *via crucis* como caminho da transformação, 77
Minhas fontes de força interiores, 103
   Aspectos curadores de uma conversa franca, 103
   O perdão como fonte de força, 107
   O que diz a Bíblia, 115
   Símbolos bíblicos da transformação, 117
   Broken Hallelujah, 128
   Biografias encorajadoras, 131
Kit de emergência para ferimentos, 145
Posfácio, 149
Não se esqueça do humor!, 151
Referências, 153
Agradecimentos, 155

Prefácio

Passar pela vida sem ferimentos psíquicos, quem não desejaria isso? Muitos livros de autoajuda prometem que isso é possível. Mas será que é verdade? Na nossa opinião, dentro de limites bem restritos. Por isso, queremos usar este livro para uma análise honesta do tema "ferimentos". O que aconteceu para que eu me tornasse tão vulnerável? Quais são as causas dos meus ferimentos? Em quais casos eu posso me proteger? Muitas pessoas buscam respostas a essas perguntas. Todos nós somos confrontados com ferimentos; alguns mais, outros menos. E nosso desejo é escapar o mais ileso possível. Por isso, é bom saber se proteger e dominar a arte de não se ferir. Ao mesmo tempo, porém, sabemos que alguns ferimentos são inevitáveis. Então surge a pergunta: Como eu lido com eles?

Existe também a arte de permitir que eu seja ferido. Para entender isso precisamos tratar de um nível espiritual mais profundo. Esse caminho tem o potencial de abrir espaços para nós em que podemos aceitar ferimentos, suportá-los e sermos transformados por eles. Nós convidamos você a descobrir para si mesmo esse caminho da transformação.

Além disso, queremos encorajá-lo a explorar suas próprias fontes de força. Acreditamos firmemente que dentro de cada um de nós existem habilidades, talentos e forças adormecidas que podem nos ajudar a lidar com ferimentos.

Em alemão, pessoas que sabem lidar bem com os altos e baixos da vida são chamadas de "malabaristas da vida". Este livro pretende oferecer-lhe ideias e impulsos para lidar com ferimentos, para usá-los como oportunidades de amadurecimento e para, neste sentido, tornar-se um "malabarista da vida"!

Ulla Peffermann-Fincke
Rainer Fincke

Introdução

Força e graça

Quando nos ocupamos com o tema dos ferimentos existem muitas possibilidades de obter informações sobre as pesquisas mais recentes nesse campo. Estamos descobrindo cada vez mais sobre a psique do ser humano, sobre os vínculos e as interações entre corpo, espírito e alma, mas esse conhecimento ainda não nos oferece nenhuma garantia de que os ferimentos que sofremos realmente se curarão. Saber que eu deveria praticar alguma atividade física como, por exemplo, correr, não basta; preciso calçar o tênis e colocar o pé na estrada! Saber que eu deveria ter uma conversa sobre um conflito não basta; devo começar a falar, iniciar a comunicação. A informação é importante e é um primeiro passo; eu só posso mudar aquilo de que me conscientizei. Além da informação, preciso também da força necessária para a transformação, para a mudança. Isso vale também para os ferimentos, pois assim existe a esperança de que as lágrimas se transformem em pérolas.

Fontes de força

Como encontro a força, a energia e a coragem de fazer ou até mesmo de deixar de fazer algo para mudar alguma coisa em minha vida? Preciso encontrar as fontes de força dentro de mim e beber delas.

Fontes de força são algo muito individual. Cada ser humano é único e, por isso, seus talentos e habilidades também são diferentes ou se encontram em estados de desenvolvimento diferentes. Podemos encontrar fontes de força, por exemplo, na natureza, na música, na arte, na fé, em relacionamentos; ou seja, em áreas totalmente diferentes. Mas a forma como são descobertas e vividas em termos concretos se apresenta de maneira diferente em cada pessoa. Ir à procura de mim mesmo, descobrir o que me fortalece pessoalmente é como uma caça ao tesouro. O que nos dá esperança é que existe um "tesouro no campo" para cada um.

Graça: dádiva de possibilidades

Graça é um termo difícil porque associamos tantos aspectos ambivalentes com essa palavra: bondade, misericórdia, amor, acolhimento e tranquilidade, mas também dependência, humildade e submissão. Graça é algo que é recebido, ela é – quando interpretada positivamente – um presente; não podemos "produzi-la". Por isso, uma postura receptiva, que aceita, é algo estranho para as pessoas de uma sociedade habituada a decidir e controlar tudo. Ao mesmo tempo, sentimos um anseio de não ter de fazer tudo por conta própria, pela conexão com um poder maior ao qual podemos nos confiar, que nos carrega, ao qual podemos nos subordinar num sentido positivo e que faça crescer dentro de nós a consciência: nada pode acontecer comigo, não importa o que ocorra, alguém me carrega e me segura.

Se aplicarmos isso aos ferimentos significa que uma separação, por exemplo, não consegue me "derrubar", que um diagnóstico difícil não pode me destruir internamente, que posso aceitar meu destino com tranquilidade e cheio de confiança. Eu posso relaxar, delegar responsabilidades e me entregar. Para que isso seja possível devo me abrir sempre de novo para essa força maior que podemos chamar Deus. Isso não é um presente que ocorre apenas uma única vez, mas uma postura que posso exercitar. Caminhos de exercício são muito individuais, posso me aproximar de Deus de maneiras diferentes. O meu caminho, por sua vez, depende da minha personalidade, das minhas preferências e qualidades, mas também das minhas fraquezas e aversões. No fim das contas, preciso encontrar meu próprio caminho para descobrir essa força e talvez descobrir também como eu quero chamá-la, qual papel ela deverá exercer em minha vida, que posição ocupará nela. Pois existem tantos caminhos que levam a Deus quanto existem seres humanos.

Transformação

Transformação significa estas duas coisas: eu reconheço e faço o que posso – e eu permito acontecer, permito que eu seja transformado. Quando, por um lado, sinto força dentro de mim, desenvolvo autoconfiança e trilho meu caminho com coragem e, por outro, sinto-me como parte de um todo e consigo me confiar a Deus; eu não sou vítima, mas participo na criação da minha vida. É disto que se trata: meus ferimentos não devem me paralisar, devo, antes, adquirir uma perspectiva que me permita lidar de forma saudável com eles.

Existem ferimentos dos quais eu posso me resguardar; por isso, é bom e aconselhável desenvolver mecanismos de proteção. Outros ferimentos são inevitáveis e, muitas vezes, nos pegam totalmente desprevenidos. Nesses casos, o ferimento exige – como acontece também no nível físico – um tratamento adequado, um caminho de cura. É igual às rosas: a maioria das pessoas gosta delas e aceita o fato de que elas têm espinhos, porque fazem parte da rosa. Prestamos atenção nos espinhos para que eles não nos machuquem, mas o que nos atrai é a beleza da flor.

Podemos ver a nossa vida da mesma forma: não devemos nem podemos ignorar as dificuldades e os ferimentos – eles doem. Ao mesmo tempo, porém, a vida tem tanta coisa bela a oferecer, e nós podemos fixar nosso olhar nessa beleza. Existe tanto pelo qual podemos ser gratos e tanta coisa bela que ainda precisa ser descoberta. Permanecer aberto para essa beleza, mesmo sabendo que voltaremos a ser feridos, significa desfrutar e aceitar a vida em toda a sua plenitude.

Mágoas e ferimentos como fenômenos da sociedade da comunicação

Nas ocasiões em que as pessoas estão em contato umas com as outras, o convívio nem sempre é amigável. Às vezes, surgem também conflitos. As causas são, além da pressão econômica, social e pessoal que é exercida sobre nós, também as diferentes personalidades daqueles com quem convivemos. Nós convivemos melhor com este ou aquele "tipo"; por outros, sentimos uma "aversão cordial"; com outros, nem nos importamos.

Assédio moral, mágoas, lutas pelo poder travadas abertamente ou às escondidas já existiam em eras passadas. Na sociedade medieval, o despotismo da classe dominante em relação aos súditos e serviçais era algo frequente. Só podemos imaginar as mágoas e os ferimentos que resultaram disso. Na época, porém, eles eram suportados estoicamente. Ainda não existia ajuda psicológica. Hoje, nós nos tornamos sensíveis não só em relação à nossa saúde física, mas também à nossa saúde psíquica. Ao longo das últimas décadas foram criados na Alemanha inúmeros centros de aconselhamento para casais, famílias e assuntos da vida em geral. Muitas formas novas de terapia até passaram a ser pagas pelos planos de saúde. No entanto, é evidente que essas ofertas de ajuda não estão dando conta do recado. Em nossos cursos e no nosso consultório de aconselhamento vemos com frequência que muitas pessoas sentem um grande fardo psíquico, que costuma se manifestar em depressões ou experiências de *Burnout*. Encontramos esse peso causado por assédio moral, mágoas e ferimentos, principalmente nas seguintes áreas:

- escola/faculdade;
- trabalho;
- casamento e família.

Escola/faculdade

De acordo com os números mais recentes, cerca de 500 mil crianças e jovens têm sido vítimas de assédio moral nas escolas da Alemanha (notícia da agência DPA de 19/04/2017). Em vista do total de 10 milhões de alunos, esse número representa 5%. E a coisa pode ficar feia, conta Mechthild Schäfer, especialista em assédio moral e psicóloga do desenvolvimento na Universidade Ludwig Maximilian, em Munique. Isso vale especialmente para o assédio moral nas redes sociais. O ruim é que esse tipo de assédio não se limita mais ao tempo que o aluno passa na escola. Ele continua também depois: o dia todo, a noite toda e também quando a vítima nem está *on-line*. Todos nós devemos nos conscientizar de que as "adoráveis criancinhas" recorrem, muitas vezes sem nenhuma sanção, a um mecanismo pelo qual, se fossem maiores de idade, poderiam acabar na cadeia.

Uma pessoa que se torna vítima de assédio moral na internet – isto é, quando há afirmações e imagens falsas ou discriminatórias sobre si mesma –, pode ter crises de medo tão profundas, que não consegue mais ir à escola.

No entanto, o assédio moral não se limita aos jovens, mas, em medida assustadora, afeta também os professores. Um em cada seis professores se queixa de ataques na escola, como mostram estudos recentes. Alguns pedagogos temem não só os alunos, mas também seus pais, e até mesmo os próprios colegas. Numa visita a uma escola fundamental no meu município, por exemplo, vivenciei a seguinte situação: uma professora entrou chorando na sala e contou que, na frente dela, um aluno pegou a mochila de outro aluno e a esvaziou jogando tudo pela janela. Isso mesmo: na frente da professora, que, evidentemente, advertiu o aluno verbalmente, mas este nem se importou. Um colega se ofereceu a ir até aquela sala e a pôr ordem na turma. É claro que isso não era possível, pois assim a professora perderia toda a autoridade que ainda lhe restava. A docente não conseguiu voltar ao trabalho, e o médico lhe deu uma licença de uma semana. Existem muitas professoras e muitos professores que fazem seu trabalho com muito empenho, com competência e alegria; mas não podemos fechar os olhos diante do fato de que, especialmente para pessoas sensíveis, a missão docente não é fácil.

Trabalho

É claro que nele ainda existe o bom companheirismo, a partir do qual se desenvolvem também contatos particulares. Muitas vezes, porém, as pessoas sofrem assédio moral, principalmente em empresas grandes. Elas se sentem magoadas, feridas. Segundo uma pesquisa realizada em 2016, 72% de adultos entre 30 e 40 anos afirmaram ter a sensação de que o clima no trabalho tem ficado mais estressante, 63% de todos os funcionários informaram já terem sofrido assédio moral; por exemplo, por meio de ocultação de informações.

Como podemos reconhecer o assédio moral no mundo do trabalho? Podemos distinguir seis fatores principais:

1) ocultar informações;

2) depreciar um colega na frente dos outros;

3) espalhar mentiras;

4) armar armadilhas;

5) ignorar;

6) passar informações erradas.

Todos os seis fatores ocorrem frequentemente e atacam a nossa alma. Um exemplo do nosso consultório: uma engenheira de 50 anos de idade ocupava uma posição de liderança numa siderúrgica na parte oriental da Alemanha. Ela fazia um bom trabalho, e seu velho chefe a elogiava. Mas quando este se aposentou, veio um novo chefe e este nutria uma antipatia profunda contra ela desde o início. Aparentemente, ele achava péssima a ideia de mulheres engenheiras. Aos poucos, ela foi excluída das listas e grupos de e-mail. Mentiras foram espalhadas sobre ela. Intencionalmente, repassavam informações falsas para ela. Com uma nitidez cada vez maior, ela percebeu que o novo chefe queria se livrar dela, apesar de fazer bem o seu trabalho. Mas contra o poder do chefe, suas opções eram limitadas. A engenheira tentou construir uma relação positiva com seu superior. Mas eles simplesmente não conseguiram encontrar um denominador comum. Em vez disso, a autoconfiança da engenheira foi sofrendo golpe após golpe e diminuindo cada vez mais. Por fim, ela se demitiu com um coração pesado e se mudou para outra cidade, que ficava a 500km. A consequência: ela não conhecia ninguém na cidade nova, sentia-se solitária e brigava com seu destino. As numerosas novas formas de comunicação, as mídias sociais e a superação de fronteiras por meio da internet têm, de um lado, um efeito positivo e enriquecedor, e elas democratizam as informações; de outro, porém, elas oferecem também novos palcos para conflitos que não existiam até então. Na comunicação por e-mail, por exemplo, podemos expressar nossa opinião sobre os outros sem maiores consequências. Não medimos mais as palavras, mas simplesmente escrevemos o que "nos dá na telha". Mas o que foi escrito, está no mundo. Isso não pode ser desfeito.

Casamento e família

Outra área em que constatamos um aumento de ferimentos é a família. Já no início da década de 1980 as "escolas para a formação de famílias" evangélicas tinham desenvolvido um lema que vale ainda hoje: "Aprender a viver em família". O que originou isso foi a experiência de que a família representa um sistema cada vez mais complexo. Principalmente nas cidades grandes, formaram-se constelações familiares totalmente novas. Com um segundo casamento terminando em divórcio, os cônjuges entram em novos relacionamentos, as crianças são criadas por diferentes pais e mães – o que gera um grande potencial de conflitos. O tema da parentalidade socioafetiva provocará ainda muitas discussões nos próximos anos. Além disso, temos constelações familiares em que parceiros homoafetivos adotam crianças. Existem pouquíssimos dados experienciais sobre esse tipo de convívio. O que queremos deixar claro aqui é: ao longo das últimas cinco décadas, as vulnerabilidades não diminuíram – aumentaram. De acordo com novas análises, muitas pessoas que se sentem vítimas de assédio moral geraram dentro de si uma desconfiança generalizada, sofrem com nervosismo, exclusão social e sentimentos de impotência.

No entanto, temos recursos que nos ajudam a nos defender contra esses ferimentos. Se entendermos melhor as causas e os efeitos dos ferimentos e reconhecermos a importância do papel que o nosso padrão de personalidade exerce nisso tudo, poderemos lidar de maneira mais construtiva com essas situações. É disso que falaremos no capítulo seguinte.

Quem sou eu?

Minha vulnerabilidade pessoal

Se eu quiser entender meus ferimentos é aconselhável que eu vá à procura de mim mesmo: Quem sou eu? Como sou eu? Onde estou? Primeiro preciso responder a essas perguntas para, então, poder reconhecer os próximos passos. "Um navio que não conhece o seu porto não encontra o seu destino." Isso vale também para a abordagem construtiva aos ferimentos.

Autopercepção como precondição para lidar ativamente com ferimentos

Quando quero responder a mim mesmo a pergunta "Quem sou eu?" pode ser útil recorrer a conceitos que já estão disponíveis e que, com base em diferenças e semelhanças, tentam descrever personalidades. A partir da necessidade de entender melhor as pessoas, tipologias de personalidade foram criadas.

A classificação mais simples e mais popular é a que divide as pessoas em personalidades introvertidas e extrovertidas. Outros modelos descrevem quatro ou cinco tipos de personalidade.

Quanto mais diferenciadas as classificações ficam, mais elas se deparam com resistência e crítica, pois lembram gavetas cada vez menores em que as pessoas são colocadas – e das quais não conseguem mais sair!

Cada ser humano é único. Isso é incontestado e incontestável. Esse fato, porém, não nega que são observadas características iguais e diferentes, e isso justifica determinadas classificações. Mesmo assim, cada pessoa introvertida é única. E o mesmo vale para cada pessoa extrovertida.

Especialmente quando falamos de ferimentos, é uma grande ajuda reconhecer que pessoas diferentes são vulneráveis em lugares diferentes – existem "pontos vulneráveis" muito distintos. Situações e eventos que podem ferir alguns profundamente e por muito tempo não são problema algum para outros. Eles superam aquilo rapidamente ou nem sentem como algo doloroso.

Quando consigo me entender melhor através do espelho de uma tipologia, posso me proteger e me preparar antecipadamente. De outro lado, posso também entender melhor a causa dessa minha vulnerabilidade e me dedicar ainda mais a esse lado da minha personalidade.

Todos conhecem a experiência de se sentir conectado imediatamente com algumas pessoas, de falar "a mesma língua", de estar na "mesma frequência" ou de simplesmente se dar bem com elas. Outras pessoas, por sua vez, deixam-nos inseguras, são estranhas ou até causam certa irritação em nós. Independentemente de nos parecerem familiares ou estranhas, ferimentos e decepções podem ocorrer em ambos os casos.

Eu sou a pessoa ferida; por isso é bom prestar atenção em mim mesma, é bom perceber e me entender. Mas, em situações desse tipo, é também extremamente útil *entender o outro*, aquele que é percebido como *agressor*, entender sua personalidade e suas motivações. É para isso que servem os modelos de personalidade.

Tipologia de personalidades: o eneagrama

Foi especialmente no contexto do tema dos *ferimentos* que fizemos boas experiências com o eneagrama como instrumento de autoconhecimento. Por isso, falaremos um pouco mais a fundo sobre ele.

O eneagrama descreve nove padrões de personalidade. As origens dessa tipologia de personalidade não são muito claras. Trata-se de um modelo muito antigo que foi aplicado no cristianismo, mas que pode ser encontrado também em outras tradições. Os nove padrões podem ser divididos em grupos de três, o que facilita o acesso. O eneagrama distingue entre os tipos emocional, mental e instintivo. Para o nosso tema é interessante que, em cada tríade, o primeiro plano seja ocupado por uma necessidade fundamental. Cada tipo de uma tríade procura fazer jus a essa necessidade de modo diferente. Abaixo esboçaremos rapidamente suas relações. Remetemos o leitor aos livros sobre o eneagrama na bibliografia, ao final deste livro.

Centro emotivo

Nos tipos emotivos (ou centro emotivo – os padrões de personalidade 2, 3 e 4) o assunto principal é a necessidade de relacionamento, reconhecimento e ressonância. Tudo gira em torno de perguntas do tipo: O outro gosta de mim? Estou sendo visto, reconhecido, compreendido? Pessoas que pertencem a esse grupo buscam a conexão com outras pessoas. Elas têm uma sensibilidade especial para aquilo que o outro precisa, pensa e sente. Essa sensibilidade é um ponto forte e, ao mesmo tempo, um perigo. O aspecto positivo é a empatia, que faz com que o outro se sinta compreendido, fortalecido e apoiado. Um excesso de proximidade e apoio, porém, pode fazer que o outro se sinta preso e ele pode perceber isso como um tipo de assédio. Um excesso de cada característica positiva tem efeitos negativos. Um exemplo: quando estou doente, fico feliz quando alguém cuida de mim, pergunta por mim e oferece a sua ajuda. Mas se a ajuda e o zelo de fazer algo bom para mim forem excessivos, eu me sintirei mais doente, mais fraco e mais impotente do que realmente sou.

Os tipos emotivos se importam tanto com a conexão com outros porque esperam ser recompensados, elogiados ou até admirados por seu empenho. No fundo, essa é a motivação para a sua grande dedicação. Todos precisam ser reconhecidos e valorizados, ter a sensação de serem vistos, mas os tipos emotivos dependem extremamente disso. O valor próprio depende da ressonância dos outros. A pergunta Quem sou eu aos seus olhos? tem importância existencial para eles.

Centro mental

Os tipos mentais (o centro mental – os padrões de personalidade 5, 6 e 7) giram em torno da necessidade de segurança, orientação e confiança (primordial). As perguntas mais importantes aqui são: Estou seguro? Eu entendo tudo, consigo ver o sentido numa situação? As pessoas que pertencem a esse grupo procuram sentir-se protegidas e seguras. Elas vivenciam a vida, o mundo mais como algo perigoso e arriscado. Por isso, desenvolveram diversas estratégias para se sentirem seguras. Algumas precisam de segurança interior: conhecer as coisas, entender as situações, saber orientar-se – tudo isso transmite segurança. Outras buscam segurança no exterior, em estruturas, regulamentações, regras e afirmações e acordos claros. Outras, ainda, se protegem com uma agenda lotada e tendo sempre um programa, um *plano B* caso aconteça algo.

Enquanto as pessoas emotivas concentram toda a sua energia e atenção nos outros, as pessoas mentais se concentram no pensamento, no reconhecimento e na memória. Esse é seu ponto forte.

Todas as pessoas precisam de segurança e apoio, mas os tipos mentais investem muito nisso, pois costumam ser mais medrosos e desconfiados e têm dificuldades de desenvolver confiança. Por isso, eles dão muito valor à fidelidade e à confiabilidade. Mas, também aqui, existe aquela ambivalência; ou seja, o *excesso do positivo*, que acaba tendo efeitos negativos. Um exemplo: é bom ter amigos confiáveis e leais, mas existe uma confiabilidade obsessiva, que restringe e não deixa espaço de manobra.

Centro intuitivo

Os tipos intuitivos (ou o centro intuitivo – os padrões de personalidade 8, 9 e 1) giram em torno da necessidade de autodeterminação, liberdade e autonomia. As perguntas centrais são: Eu sou respeitado do jeito que sou? Posso ser do jeito que sou?

As pessoas que pertencem a esse grupo precisam de liberdade, querem ser autônomas e tomar suas próprias decisões. Elas possuem uma grande capacidade de se impor – em alguns membros desse grupo é aplicada de forma mais agressiva, enquanto outros a usam de forma mais oculta, por meio de insistência ou recusa como formas de imposição. Quando dizemos que a energia principal aqui é intuitiva, estamos nos referindo à espontaneidade e intuição. Liberdade e autodeterminação devem ser procuradas por todos, mas é especialmente importante para as pessoas intuitivas, pois essas qualidades não são naturais para elas, já que precisam lutar para alcançá-las.

O ponto forte dos tipos intuitivos pode ser vivido de forma tanto positiva como negativa. No sentido positivo, ele pode iniciar, realizar e alcançar muito. O aspecto negativo é que, na forma de uma agressividade ativa ou passiva, muita coisa pode ser destruída, pois falta-lhe sensibilidade, os entretons costumam não ser ouvidos e outras pessoas são ignoradas.

Aqui também, o excesso dessa força realmente positiva ou o uso descontrolado da energia pode ter efeitos negativos. Estamos falando do famoso *elefante numa loja de louça*.

Se, na infância, alguma das necessidades básicas não foi satisfeita, essa falta é vivenciada como algo doloroso. Para que a dor não se repita, a criança toma providências para garantir que ela receberá aquilo que precisa. Assim surge uma "estratégia", um padrão de comportamento que garante a evitação de sofrimento.

As pessoas emotivas tentam garantir que recebam atenção, as pessoas mentais buscam segurança e orientação, e as pessoas intuitivas encontram meios de tomar decisões e de se impor.

É importante observar que a vivência na infância é muito subjetiva. Muitas vezes, os pais não têm consciência de que estão privando o filho de algo. Eles só queriam *o melhor* para ele, mas não foi assim que este entendeu. Frequentemente, os pais são acusados, ainda em idade avançada, por causa dos ferimentos que uma carência vivenciada causou na criança. Eles se sentem magoados porque não estão cientes de nenhuma culpa e sabem que criaram os filhos da melhor maneira possível. Adultos costumam se queixar de que, quando crianças, receberam pouco amor, que o desempenho na escola era supervalorizado e recompensado. Portanto, tiveram a impressão de que, na infância, só tinham algum valor por causa de seu desempenho. Os pais refutam isso e/ou apontam para o fato de que o incentivo e a ambição pretendiam ajudar o filho a alcançar metas mais altas na vida do que eles próprios puderam. Na infância, essas coisas foram vivenciadas inconscientemente; hoje, como adulto, sou capaz de reconhecer os contextos. Assim, quando contemplamos o modelo do eneagrama como adultos, percebemos que o *ponto doloroso* nas pessoas emotivas é a falta de atenção e amor. Nelas surge rapidamente o sentimento de não serem amáveis ou de terem de fazer algo, de terem de se esforçar para serem amadas. Um olhar amigável meu que não é correspondido já pode ser causa de uma mágoa. Nas pessoas mentais, o *ponto doloroso* é falta de confiabilidade. Uma sensação de medo e insegurança faz com que elas confiem em outras pessoas apenas em medida restrita, que confiem apenas em si mesmas ou criem estruturas nas quais se sintam seguras. Um acordo, por exemplo, que não é cumprido, é percebido como ferimento profundo. As pessoas intuitivas sofrem de forma especialmente intensa quando se sentem restringidas, ignoradas ou exploradas. O *ponto doloroso* é a falta de liberdade. Dói quando elas não são incluídas, não são consultadas ou são ignoradas na hora de tomar uma decisão.

Portanto, se eu, como adulto, conheço os meus pontos fracos, posso me conscientizar de que, ali, reajo com uma sensibilidade excessiva e que uma pequena causa pode resultar num sentimento de mágoa profunda.

Exercício de autoavaliação

Emotivo:
• O quanto dependo de elogios, reconhecimento e admiração?
• Como me sinto quando sou aplaudido por minha pessoa/desempenho? Eu gosto disso ou sinto vergonha?
• O quanto me sinto mal ou ferido quando não encontro ressonância positiva?

Mental:
• Quão grande é minha necessidade de verificar e controlar as coisas, de não deixar nada ao acaso e saber o que me espera?
• O quanto me sinto mal ou ferido quando as pessoas me deixam na incerteza, lidam com as coisas de maneira relaxada e flexível sem me informar?

Intuitivo:
• Quão grande é minha necessidade de ser independente e meu próprio senhor, de poder tomar decisões sobre mim mesmo e a minha vida?
• O quanto me sinto mal ou ferido quando alguém tenta mandar em mim, impõe-me regras e limites?

Tipologia de personalidades: formas básicas do medo

Outro modelo que se tornou popular na década de 1960, mas que, ainda hoje, continua igualmente interessante e apropriado, é o modelo criado pelo psicanalista Fritz Riemann. Ele divide os tipos de personalidade de acordo com as quatro *formas básicas do medo*.

Dois medos básicos sempre se opõem: o medo de proximidade e o medo de distância; o medo de mudança e o medo de irrevogabilidade:

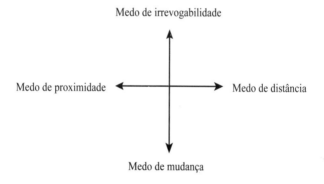

Este modelo identifica claramente qual é o *ponto doloroso*, descrevendo uma situação que me assusta. Eu fico ferido quando esse medo não é visto, mas ignorado. Se nós e nosso medo estivermos na área central (ou seja, próximos do ponto em que as duas coordenadas se cruzam, sem nenhum desvio significativo para uma direção específica), podemos dizer que é mais difícil para alguém nos ferir.

Se, por exemplo, meu medo de mudança for muito grande, eu percebo como ofensivo se as pessoas exigirem algo novo de mim o tempo todo (mudanças de residência, um ambiente de trabalho instável).

Se eu tiver muito medo de ser abandonado, fico magoado quando o outro me deixa sozinho, não manda mensagens e entra em contato apenas raramente.

Perguntas que podemos fazer nesse contexto para entender melhor a nossa própria personalidade são: De quanta proximidade eu necessito? Eu consigo ficar bem quando estou só ou busco situações em que consigo ter pessoas à minha volta? Eu sinto que as pessoas costumam exigir meu esforço e que elas roubam as minhas energias, ou sinto-me energizado na presença delas? Eu sou comunicativo? Eu gosto de contato físico? (Estas perguntas se referem ao eixo *x* e aos opostos *proximidade* e *distância*.)

Eu costumo me entediar rapidamente com coisas que me são familiares? Eu preciso de variações e distrações, gosto de estar em lugares conhecidos, executar processos que conheço; por exemplo, passar as férias no mesmo lugar e ter um círculo de amigos fixo? Quando algo transcorre de acordo com rituais específicos com os quais estou familiarizado, isso me faz bem ou me deixa entediado? Eu sou uma pessoa curiosa e gosto de surpresas, ou o imprevisto gera insegurança em mim? (Estas perguntas se referem ao eixo *y* e aos opostos *mudança* e *estabilidade*.)

Sentido e propósito de modelos de personalidade

Modelos são instrumentos que servem para o autoconhecimento. Se esses modelos (ou qual deles) são úteis, cada um deve decidir por si só. Além disso, aconselhamos que você evite "enfiar outra pessoa numa gaveta". Você pode decidir apenas para si mesmo se algum dos modelos espelha a sua personalidade. O eneagrama e outros modelos de personalidade são como mapas que servem como instrumento de orientação, que oferecem um esboço geral e permitem obter uma primeira visão geral. A paisagem, porém – ou seja, a própria pessoa –, apresenta inúmeros aspectos, é muito mais diferenciada e única!

O trabalho com o eneagrama mostra que cada pessoa contém em si *todos* os padrões do eneagrama, mas que possui um tipo predominante. E assim como uma pessoa introvertida não se transforma em uma pessoa extrovertida, o eneagrama lhe mostra que você está *em casa* em algum ponto. Isso vale também para o modelo de Fritz Riemann: um medo básico permanece predominante em minha vida. Isso não significa que mudanças não sejam possíveis, mas uma estrutura básica permanece. Eu não me transformo fundamental e totalmente. O importante é reconhecer que, dependendo do meu tipo, existem determinados temas na minha vida com os quais eu deveria me ocupar para conhecer a mim mesmo e me desenvolver. Conhecer esses temas é o valor dos modelos de personalidade. Talvez você consiga imaginá-los como um espelho no qual descobre alguns aspectos seus e aprende a entender algumas relações importantes.

Quem sou eu? - A visão espiritual

Já contemplamos a visão psicológica sobre a pergunta "Quem sou eu?" Além das características psicológicas existe, porém, um outro nível, um nível mais profundo. Nesse nível, nós somos *mais* do que a nossa personalidade, *mais* do que o nosso caráter. Do ponto de vista espiritual, o ser humano possui, como criatura de Deus, um núcleo interior divino, o "verdadeiro si-mesmo", como o expressam Richard Rohr e outros mestres espirituais. Se existe um "verdadeiro si-mesmo", existe também necessariamente um "si-mesmo falso". Esse "si-mesmo falso" não é, na verdade, *falso*, apenas pequeno demais, um si-mesmo com uma orientação limitada. Muitos o chamam de *ego*.

Esse ego com todas as suas qualidades e fraquezas age e reage no mundo exterior. O eneagrama descreve diferentes estruturas de ego. Elas são importantes, pois são estratégias que nos permitem sobreviver no mundo e encontrar nosso próprio caminho. Em algum momento, normalmente no meio da vida, nós nos conscientizamos dolorosamente da unilateralidade de uma estratégia e de seus limites. Quando isso acontece, somos confrontados novamente com a pergunta: Quem sou eu (de verdade)? Aquilo que eu era até agora não é tudo! A esta altura, começa normalmente a busca pelo *mais*. Podemos procurar esse *mais* no mundo exterior, em mais propriedade, em mais reconhecimento, mais fama, mais vivências. Na maioria das vezes, porém, percebemos que tudo isso não nos satisfaz de verdade. O anseio verdadeiro visa ao nosso íntimo, ao nosso "si-mesmo verdadeiro", a um ponto de referência interior e, no fundo, a Deus.

Esse íntimo permanece intocado por todas as circunstâncias externas, e por isso é invulnerável! Nesse "espaço interior" (Anselm Grün) somos e permanecemos sadios e livres. Richard Rohr formula isso assim: "My deepest Me is God" (ele está citando Santa Catarina de Gênova, que exclamou: "Meu eu mais profundo é Deus!"). Esse núcleo divino existe em cada ser humano e independe de ele pertencer a uma religião ou não. O fato de que um ser humano nasce e se desenvolve como um indivíduo único e inconfundível é um grande mistério.

Muitas vezes, quando vemos um recém-nascido deitado em seu berço, somos tomados de um temor sagrado. O milagre da vida nova nos comove porque sentimos que uma grande força criativa, que alguns chamam Deus, está operando ali. Não podemos criar essa vida por conta própria, ela nos é dada. Isso significa que não somos filhos apenas dos nossos pais. Khalil Gibran o expressa assim em seu livro *O profeta*: "[Os filhos] vêm *através* de ti, mas não *de* ti".

Quando contemplo minha própria vida, percebo: também em mim Deus está operando desde o início. Só porque envelheci, o milagre que eu sou não diminui! Minha dignidade, meu valor se dá simplesmente pelo fato de que eu sou, não pelo fato de *como* eu sou. O "verdadeiro si-mesmo" sabe disso, o *ego* acredita precisar corresponder a determinada autoimagem para ser valioso. O objetivo de todos os caminhos espirituais é entrar em contato com esse núcleo interior, é conscientizar-me dessa divindade e orientar a minha vida a partir desse lugar mais íntimo dentro de mim. Quando consigo fazer isso, identifico-me menos com os meus pensamentos e sentimentos. Eu *tenho* pensamentos e sentimentos, mas eu não *sou* meus pensamentos e sentimentos.

Existe uma instância dentro de mim que é capaz de observar os meus pensamentos e sentimentos; ou seja, que é maior. Esse *maior* aponta para o "verdadeiro si-mesmo". Quando consigo observar minha raiva, meu luto e meu medo a partir de certa distância, esses sentimentos negativos perdem seu poder sobre mim. Quanto mais estou *em casa* nesse lugar interior, menos os ferimentos podem me afetar, melhor consigo lidar com eles de forma autoconsciente.

Nesse nível mais profundo, em meu íntimo, estou conectado com todas as outras criaturas, pois todos nós temos esse núcleo divino dentro de nós. Os místicos falam da experiência da *união com tudo*. E Deus está em tudo. Nesse estado, nessa consciência da força divina dentro de mim, o medo se dissolve e abre espaço para a confiança primordial. Esta me diz que tudo está bem, que tudo tem um sentido, mesmo que eu não consiga reconhecê-lo sempre. Reconheço que minha vida tem um valor inestimável. Esse valor próprio existe desde o início, não preciso merecê-lo; basta que eu o reconheça. Torne-se aquele que você (já) é! Quanto mais eu me conscientizo do meu valor e da minha dignidade, menos vulnerável me torno.

Traga seu coração de volta

Quando seu coração vagueia ou sofre,
Com cautela, traga-o de volta para o seu lugar
E coloque-o suavemente na presença de Deus.
E mesmo quando
Você não tiver feito nada em sua vida
Além de trazer de volta o seu coração
E de colocá-lo novamente na presença de Deus,
Apesar de ele sempre ter fugido dela
Após você o trazer de volta,
A sua vida se cumpriu.

Francisco de Sales

Quanto mais eu centro o meu coração na presença de Deus, melhor eu me torno em viver de forma (in)vulnerável.

A arte de não se ferir

Mágoas e ferimentos doem. Nós nos sentimos fracos, sem energia; eles nos afetam. Se surgir também uma sensação de impotência porque nos vemos como vítimas e não enxergamos nenhuma possibilidade de opor algo ao que ocorreu, isso intensifica o estado emocional negativo. Muitas vezes ficamos totalmente paralisados ou somos dominados por uma tristeza profunda da qual não conseguimos sair. Portanto, é perfeitamente compreensível e justificado não querer se ferir.

Existe um ferimento e uma dor primordiais que cada ser humano experimenta e que não podem ser evitados. Trata-se da separação da mãe, quando o cordão umbilical é cortado e a simbiose com a mãe é suspensa. Para que a criança sobreviva e supere essa dor da separação algumas necessidades físicas e psíquicas precisam, como já foi mencionado acima, ser satisfeitas. Quando isso não acontece há um déficit que causa dor. Cada ser humano precisa lidar com isso, o que é também um consolo: não estou sozinho com meus ferimentos.

Quando analisamos o nível *físico*, é evidente que podemos nos proteger de ferimentos evitando situações perigosas e controlando nossa ousadia, tratando nosso corpo com respeito. Também em casos de doença podemos tomar medidas para não nos infectarmos, para fortalecer nosso sistema de defesa e viver de modo saudável. Mesmo assim, não existe ninguém que nunca se feriu, que nunca caiu, que nunca ralou um joelho. Não obstante, a despeito de toda a cautela, todos certamente já ficaram doentes. Quando isso acontece, um bom tratamento torna-se muito importante.

Podemos contemplar o nível *psíquico* de modo analógico. Também aqui vale: cautela e atenção são necessárias, mas ferimentos e mágoas psíquicas não podem ser evitados totalmente. Também aqui tem importância um bom tratamento, um cuidado especial comigo mesmo.

"O tempo cura todas as feridas", diz um ditado popular. Há uma verdade nisso, e realmente é surpreendente que, por exemplo, um ferimento na pele é curado sem qualquer participação nossa. Às vezes, porém, permanece uma cicatriz. O mesmo se aplica a processos psíquicos: eles podem curar com o passar do tempo, mas algo pode permanecer.

Assim como podemos colaborar para que ocorra a cura no nível físico, e não esperamos que o tempo resolva tudo, podemos fazer o mesmo no nível psíquico. O importante é saber que nós temos a possibilidade de influenciar a cura; ou seja, que podemos participar dela.

Para entender um estado emocional – seja ele positivo ou negativo –, podemos dizer resumidamente: se todas as minhas necessidades foram satisfeitas, eu estou bem; se algumas necessidades permanecerem insatisfeitas, eu sofro.

Parte das necessidades eu mesmo posso satisfazer ao proporcionar algo bom para mim mesmo. A satisfação de outra parte das minhas necessidades depende, porém, de outras pessoas. Somos seres relacionais, nós nos orientamos por um *tu*, e por isso surgem naturalmente expectativas e desejos que esse *tu* deve cumprir. Quando se trata de uma troca vivenciada, quando as necessidades são satisfeitas, vivencio o relacionamento como algo que me traz felicidade. Quando isso não ocorre, fico infeliz e facilmente me sinto magoado.

Como crianças, não podemos escolher *os outros*, nossos pais nos foram *impostos*. Nossos pais e as pessoas de referência, com todas as suas qualidades e fraquezas, foram colocados em nossa vida sem que pudéssemos escolhê-los. Deles recebemos aquilo que estavam dispostos e eram capazes de dar. Muitas vezes, vivenciamos carência na infância; ou seja, nossas necessidades não foram satisfeitas em medida suficiente. Isso doeu. Em grande parte das vezes tentamos compensar essa falta durante a vida toda; isto é, tentamos receber posteriormente aquilo que nos fez tanta falta e que, provavelmente, ainda nos faz.

Mais tarde, como adultos, em princípio, podemos escolher livremente quais pessoas queremos ter em nosso ambiente, em nossa rede relacional. Mas será que essa escolha realmente é tão livre como pensamos? Porém, temos a tendência de escolher de acordo com a preferência dos nossos pais; ou seja: repetimos o que conhecemos, mesmo que aquilo não nos faça bem. Também podemos fazer uma escolha completamente contrária para, finalmente, receber o que nos faltou. Mas esse *programa de contraste* também possui um potencial de ferimento, justamente por ser tão estranho para nós. Para relacionamentos românticos vale, portanto, na maioria das vezes, a máxima: o ponto de atração é o ponto de conflito. Os aspectos do caráter que me fascinam no outro são, ao mesmo tempo, os pontos que causam insegurança em mim, com os quais não sei lidar muito bem.

Quando uma pessoa é calma e gosta de estar sozinha, isso tem um efeito fascinante sobre uma pessoa comunicativa porque aparenta ser um sinal de soberania e liberdade. Ao mesmo tempo, o parceiro comunicativo sente falta da comunicação e expressão de sentimentos do outro. Ou seja: ferimentos fazem parte da nossa vida. Não podemos evitá-los, mas podemos aprender a lidar construtivamente com eles.

Construtivamente significa, de um lado, garantir uma boa estrutura de *prevenção*: proteger-se, preparar-se, cuidar de si mesmo e ter conhecimento da própria vulnerabilidade, principalmente no que diz respeito ao *ponto doloroso*. De outro, significa: quando sou ferido, não me sentir como vítima, permanecer capaz de agir e conhecer estratégias para me reerguer. Trata-se, portanto, de um bom *tratamento* para as feridas psíquicas.

Como surgem ferimentos?

A fim de lidar bem com os ferimentos, devo entender como eles acontecem. Podemos distinguir quatro passos que apontam o caminho até o ferimento:

1) Fui colocado em determinada situação. Alguém diz ou faz algo, ou *não* diz ou *não* faz algo.
2) Eu interpreto e avalio a situação, chegando a uma convicção pessoal.
3) A minha interpretação gera um sentimento.
4) O sentimento determina meu comportamento a partir daí.

No caso de pensamentos negativos – ou seja, no caso de uma avaliação *ruim* – surge um sentimento negativo. A interpretação – isto é, como eu penso sobre o ocorrido – é, portanto, o ponto decisivo. Dela depende como eu me sinto. No entanto, *uma* situação permite *várias* interpretações. Um exemplo: estou fazendo uma palestra diante de uma sala cheia de ouvintes, e uma pessoa boceja.

Interpretação 1: minha palestra é entediante; eu sou incompetente; ninguém se interessa por aquilo que tenho a dizer. Consequência: fico deprimido e nunca mais volto a fazer palestras!

Interpretação 2: a pessoa que bocejou está cansada; provavelmente teve um dia longo; normalmente ela já estaria na cama, dormindo. Consequência: a pessoa que boceja não me afeta.

Interpretação 3: a atmosfera aqui é tão descontraída, relaxada, que alguém se sente à vontade, a ponto de se permitir um bocejo. Consequência: eu me sinto bem e competente.

O decisivo não são os fatos, mas a sua interpretação. *Eu* sou a pessoa que interpreta; isso significa: sou eu quem decide o que devo pensar a respeito de algo, como devo interpretar aquilo. Assim, posso influenciar como eu me sinto.

Reconhecer o *ponto doloroso*

Se a situação – no caso, o bocejo de uma pessoa – abrir uma ferida antiga – isto é, se ela desperta e reativa convicções antigas; por exemplo: eu não mereço que outras pessoas me ouçam –, ela me afeta de modo especialmente profundo e, em princípio, não tenho qualquer possibilidade de mudar algo nisso. Somente se eu me distanciar da situação conseguirei reconhecer meu *ponto doloroso*, chegarei a uma interpretação nova e diferente: quando eu era criança, acreditava não ser bom o bastante; talvez eu tenha sido criticado e abalado com frequência ou as pessoas não tenham confiado muito em mim. Hoje, porém, eu já demonstrei que sei falar bem, que as pessoas me ouvem! A nova interpretação me transmite força e autoconfiança; portanto, uma sensação boa.

Análise do meu ferimento

A esta altura queremos sugerir um exercício no qual você deve se lembrar de um ferimento que tenha sofrido recentemente. Responda às perguntas nas instruções. O objetivo do exercício é encontrar interpretações alternativas, e assim influenciar os sentimentos de forma positiva.

1) Descrição da situação:
   O que aconteceu?
2) Avaliação:
   O que pensei a respeito disso?
   A qual convicção cheguei?
   Como interpretei a situação?
3) Emoções/reação física:
   Como me senti naquela situação?
   Como meu corpo reagiu a ela?
4) Comportamento resultante:
   O que eu fiz, o que deixei de fazer?

*

Sobre o ponto 2.
   Existem outros pontos de vista, outras possíveis avaliações da ocorrência?
   Existe uma maneira de ver a situação de outra forma?
   Existe uma interpretação diferente?
   O que o comportamento me diz sobre o *agressor*?
   Eu consigo me colocar na situação do *agressor*?
   Quais podem ser as razões para o seu comportamento?

Sobre o ponto 3.
Como eu me sentiria *depois* dessas reflexões?

Sobre o ponto 4.
Como eu reagiria *agora*?

É possível que uma mesma ocorrência tenha mais de uma interpretação. Ou seja, um fato objetivo pode ser visto de modos diferentes, e todos eles estarem corretos.

Como lidar construtivamente com ferimentos

Trata-se, portanto, de estratégias que me abrem um espaço de manobra para lidar de forma consciente com a situação, para que o profundo sentimento de ferimento seja amenizado ou até mesmo dissolvido. Nem todas as estratégias podem ser aplicadas a todos os tipos de ferimentos, mas é uma ajuda conhecer diferentes possibilidades e experimentá-las. Faz bem ter uma participação ativa e não permanecer preso num estado paralisante de passividade. Essa participação ativa não significa necessariamente partir para a ação no mundo externo; ela pode ser uma postura interna.

Compreensão comigo/com o outro
Entender *a mim mesmo* – Eu me pergunto: O que me feriu tão profundamente? Quais das minhas necessidades

foram desconsideradas pelo outro? O que foi tirado de mim? Voltemos para o eneagrama e as necessidades básicas descritas (atenção, segurança, liberdade): Eu já vivi essa dor no passado? Qual é o meu medo básico (modelo de Riemann)? Talvez isso me ajude a entender por que aquilo me feriu tanto. Reconheço minha necessidade, aquilo que me falta, o que me deixa tão fraco e pequeno. O que ajuda a essa altura é o trabalho com a *criança interior*.

A criança interior se refere à soma de todas as cunhagens que vivenciei na primeira infância e que representam parte do meu inconsciente. À criança interior é atribuída a esfera emocional, os sentimentos positivos como alegria, amor e felicidade, como também os sentimentos negativos como medo, dor, raiva, tristeza etc.

O eu adulto é a instância dentro de mim que é capaz de observar tudo como que de fora, que consegue reconhecer e reagir. O eu adulto pode cuidar da *criança interior*, pode entrar em contato com ela e investigar quais são suas necessidades.

Como um bom pai ou uma boa mãe, o eu adulto pode consolar, acalmar, dar amor, incentivar ou encorajar. Essa possibilidade de tratar bem a minha *criança interior* é chamada de *ser meus próprios pais. Eu* posso dar a *mim mesmo* aquilo que gostaria de ter recebido do outro; eu cuido de mim mesmo. Por exemplo, se eu gostava de ser valorizado por outra pessoa, e isso não aconteceu, posso me confortar mantendo uma boa relação comigo mesmo, valorizando-me.

Exercício

Contemple uma foto sua, que você goste, tirada quando tinha entre 2 e 4 anos. Coloque-se no lugar dessa criança! Como ela está? O que ela sente? Você se lembra de um brinquedo que tenha usado muito na infância (uma boneca, um bichinho de pelúcia)? Por que você gostava tanto daquele brinquedo? Entre em contato com sua *criança interior* dessa forma e inicie um diálogo com ela. Permita-lhe dizer do que ela necessita; o que ela quis receber, mas não recebeu; e o que ela deseja. Não se apresse em fazer este exercício.

Prometa à criança que você lhe dará aquilo de que ela precisa agora. Talvez uma declaração de amor (tipos emocionais), a certeza de que ela não precisa ter medo (tipos mentais) ou a confirmação de que ela é perfeita do jeito que é, que não precisa lutar por seus direitos (tipos intuitivos). Se quiser, abrace a *criança interior* em sua imaginação e a segure com firmeza.

Deixe a foto na sua escrivaninha por um tempo e permaneça em contato com essa criança!

Entender o outro – Por que o outro se comportou daquele jeito? Quais eram suas motivações? Qual era a *sua* necessidade naquela situação? Em termos gerais: O que está acontecendo com ele? É bom formular perguntas neutras. Se eu fizer uma pergunta que já contenha uma avaliação –

"Por que o outro fez aquilo comigo?" –, os papéis já estão definidos: eu sou a vítima, o outro é o agressor. Isso deixa pouco espaço para interpretações alternativas da ocorrência. Facilmente acuso o outro de uma intenção maliciosa. Para entendê-lo é preciso mudar a perspectiva, abandonar o meu ponto de vista e me colocar em seu lugar.

Um exemplo: uma amiga não se lembrou do meu aniversário. Minha necessidade de ser percebido, de receber atenção e de ser valorizado não foi satisfeita. Estou ferido. Se eu entender por que ela se esqueceu do meu aniversário neste ano – talvez esteve muito ocupada no trabalho ou até mesmo doente –, conseguirei lidar melhor com a situação.

Outro exemplo: estou ferido porque um amigo investe menos tempo em nossa amizade do que eu. Gostaria de me encontrar mais vezes com ele, compartilhar mais. Ele, porém, simplesmente não tem mais tempo para cultivar nossa amizade por causa do seu emprego e porque ele quer marcar presença junto aos seus filhos, sendo um bom pai. Seu comportamento – poucos encontros – não se volta contra mim. Ele está simplesmente se protegendo de uma exaustão. A minha decepção nada tem a ver com a minha pessoa, mas se deve à situação. Se o amigo dispusesse de mais tempo, ele se encontraria mais comigo.

Por um lado, posso pedir que o outro me explique seu comportamento numa conversa pessoal; caso contrário, as minhas respostas não passam de especulações. Por outro lado, muitas vezes evitamos uma conversa franca, pois tememos parecer fracos e não ser entendidos, o que agravaria ainda mais o ferimento.

É possível que o outro realmente quisesse me ferir. Na maioria das vezes, porém, ele agiu a partir de *sua natureza*, e por causa dela não foi capaz de se comportar de outra forma naquela situação. Por isso, eu deveria manter em vista várias razões; isto é, levar em conta também outras causas, além da intenção maliciosa. Vemos na outra pessoa apenas a ponta do *iceberg*, seu comportamento, suas características. Não conhecemos, porém, as motivações conscientes e inconscientes.

Se quisermos entender o outro, precisamos *caminhar com seus sapatos*. Assim diz uma sabedoria dos indígenas norte-americanos: "Se você não tiver percorrido mil milhas nos mocassins do outro, não tem nenhum direito de julgar". Quanto melhor eu entendo, menos eu julgo o outro, menos eu vivencio o ocorrido como intenção maliciosa. E, assim, o sentimento de ferimento se reduz.

Relativizar

Relativizar significa: eu insiro o ocorrido num contexto maior. Distanciando-me internamente, contemplo o ocorrido. Eu me sinto vítima; mas, muitas vezes, não fui eu o agressor? Talvez eu mesmo já tenha feito exatamente aquilo que sofri agora. Nenhum de nós é santo; todos somos seres humanos, com fraquezas e pontos fracos.

Basta pensar na Parábola do Cisco e da Viga; muitas vezes, vemos o cisco no olho do outro e não percebemos a viga no nosso próprio olho. Isso resulta numa hipocrisia que faz com que nos elevemos acima dele. Quanto mais eu o condeno e o denuncio como mau, mais eu me afasto da verdade. Essa postura me endurece, deixando-me rígido e irreconciliável. Em uma de suas palestras, o frade franciscano Richard Rohr perguntou: "Você quer estar certo ou ser feliz?"

Nosso senso de justiça e injustiça é muito subjetivo. É evidente que também existe a injustiça objetiva. Quando alguém, por exemplo, chega 30 minutos atrasado num compromisso, não há como minimizar, isso é um fato. Mas o quanto sofre aquele que ficou esperando e o quanto ele se sente ferido por causa desse atraso – ou seja, o *tamanho* da injustiça que ele vivencia – é uma questão subjetiva.

Relativizar significa, nesse contexto, que estou disposto a mudar o meu padrão e a não medir com duas medidas diferentes, aplicando uma medida para mim e outra diferente para o outro. Admito que também cometo erros com frequência e que, assim, acabo machucando o meu próximo. E, num segundo passo, aprendo a me perdoar e a perdoar aos outros. Voltaremos a falar sobre o tema do perdão no penúltimo capítulo, que tratará de fontes de força interior.

Conciliação
Reparação – Em relacionamentos, é bom e importante existir certo equilíbrio entre dar e receber, encontrando um meio-termo. Às vezes, as necessidades de um são levadas

mais em conta do que as do outro, mas é necessário haver um equilíbrio. Quando um dos parceiros acaba dando mais do que recebe no relacionamento, quando ele é explorado ou quando talvez até ocorra abuso de confiança, isso deve ser conscientizado, verbalizado e corrigido. Quando ocorre um abuso de confiança, esta precisa ser reconstruída. Quando um sempre se sacrificou pelo outro no relacionamento, essa situação precisa mudar em algum momento, de modo que o equilíbrio passe a existir. É importante lutar por esse equilíbrio, expressar desejos, identificar o problema. Mesmo que a pessoa em desvantagem não reaja a isso ou veja os fatos com olhos diferentes, é imperativo que os seus direitos sejam respeitados. Em círculos cristãos, é comum ignorar isso. Em nome do amor ao próximo ou como sinal de humildade, as pessoas negam as próprias necessidades. Em longo prazo, isso prejudica qualquer relacionamento.

Vingança – Este ato também é uma forma de reparação. Alguém me prejudicou e, num gesto de vingança, eu o prejudico. Isso me dá uma sensação boa. Dentro de mim, tudo está em harmonia novamente. Agora, porém, o outro se sente (justificadamente) atacado e acerta as contas devolvendo a injustiça sofrida. Normalmente, isso resulta numa espiral sem fim. Essa "concorrência" pode se intensificar e acabar em guerras, grandes e pequenas. A vingança é sempre a tentativa de uma compensação, e nós a mencionamos aqui para não deixá-la de fora da lista. Evidentemente, essa estratégia negativa não deve ser utilizada.

Mahatma Gandhi formulou o mesmo pensamento da seguinte forma: "Olho por olho, e o mundo inteiro ficará cego!" Ao mesmo tempo, Gandhi ressalta que a raiva, que subjaz à vingança, pode desdobrar uma força positiva. *Raiva é um presente* é o título de um livro de Arun Gandhi, sobre o legado de seu avô Mahatma Gandhi. A raiva pode ser a força motriz para reestabelecer a justiça, mas no sentido da compensação mencionada acima. Gandhi afirma: "Para o ser humano, a raiva é como a gasolina para o carro: ela o impulsiona para poder avançar. A raiva é a energia que nos obriga a definir o que é justo e o que é injusto".

Delegação — Em casos de ferimento tão grave que você não sabe mais o que fazer, quando não há explicação nem compreensão, e a relativização e a compensação não são possíveis, existe a chance de entregar tudo a uma *instância superior*. Isso exige que eu acredite em Deus (seja qual for o nome que eu dê a essa instância) e que Ele seja o juiz verdadeiro, ao qual eu possa confiar o meu destino e que opere uma reparação dentro de mim e do outro. Eu não preciso me preocupar com o como nem com o quando e onde; simplesmente confio. Assim, posso entregar, libertar-me de tudo o que me oprime, confiando que Deus *lidará bem* com aquilo.

Quando consigo fazer isso, posso levantar os olhos e contemplar o caminho à frente, pois já não estou preso e amarrado às pessoas que me feriram. Isso me liberta. Enquanto eu guardar ressentimentos, meus pensamentos estarão sempre com o agressor. Mas quando eu delego a reparação, talvez não consiga esquecer o ferimento, mas ele pode ser curado, pois eu sei que alguém está carregando esse peso comigo.

As estratégias que mencionamos até agora se aplicam a ferimentos *pontuais* e tratavam da pergunta de como reagir a uma situação especial. Existem, porém, *ferimentos constantes*; ou seja, eu me encontro sempre de novo nas mesmas situações de ferimento, em circunstâncias que não me fazem bem. Por exemplo, no local de trabalho, onde sou obrigado a trabalhar e conviver com uma pessoa com a qual eu tenho dificuldades. Ou um relacionamento que, originalmente, eu escolhi livremente, mas em que me sinto cada vez mais desconfortável. Para tais situações vale a declaração: "*Love it, change it or leave it!*" Isso significa que existem três possibilidades de reagir a situações adversas:

Love it significa: eu aceito a situação ou a pessoa do jeito que é; eu a vejo como um desafio de fazer dela o melhor possível para mim e de, ao mesmo tempo, me proteger.

Change it significa: eu tento mudar a situação, eu falo abertamente sobre os problemas e meu ferimento; isso exige coragem, franqueza e sinceridade.

Leave it significa: eu saio da situação, abandono o campo de batalha. Quando sinto que não posso nem quero aceitar aquilo e também percebo que não posso mudar nada ou que simplesmente não tenho a força para isso, é aconselhável sair daquela situação. No entanto, isso exige abrir mão do velho e ter a coragem de buscar o novo.

Confio que eu estarei melhor, que valerá a pena para mim, mesmo que tenha de pagar um preço alto por ousar esse passo.

Um exemplo de um problema aparentemente banal: uma amiga sempre chega atrasada aos encontros; às vezes se atrasa mais, às vezes menos. Depois de dar uma desculpa qualquer, ela muda de assunto. Estou ferida, pois essa amiga sempre me faz esperar, e assim abusa do meu tempo.

Love it: decido não querer mudar essa amiga. Ela é como é, e eu aceito seu jeito de ser. Decido não esperar pontualidade dela e, por isso, permito-me atrasar de vez em quando, tentando ser mais relaxada: levo um livro quando marcamos um encontro num restaurante e passo o tempo de espera fazendo algo útil. Para me proteger, eu me pergunto com que frequência quero me encontrar com essa amiga e me expor a essa situação um tanto desagradável para mim.

Change it: falo abertamente sobre meu problema e como isso me fere. Peço a ela que seja mais pontual quando marcar um encontro comigo. *Não* porque pontualidade seja uma virtude que possa ser debatida, mas porque é uma necessidade *minha* cumprir acordos e compromissos. Eu digo claramente que isso é importante para *mim*.

Leave it: sinto que essa situação me fere a longo prazo e não vejo por que deveria aceitar o comportamento da minha amiga. Conversei sobre o problema, e nada mudou. Então decido encerrar o relacionamento. Também é possível que eu não tenha a coragem de falar sobre a situação e meu ferimento. Assim, encerro o relacionamento sem essa conversa. Neste caso, perco a chance de poder ter mudado algo numa direção positiva. Preciso responder à pergunta se essa pessoa é importante para mim.

Outro exemplo de um problema evidentemente mais sério: no relacionamento/casamento, os parceiros desenvolvem interesses diferentes, eles mal conversam um com o outro e simplesmente vivem um ao lado do outro, mas sem conviverem de verdade.

Love it: eu aceito os interesses diferentes, permitindo que o outro seja como ele é. Talvez fique triste com o fato de termos tão pouco em comum, mas aceito a situação e satisfaço minha necessidade de interação e atividades conjuntas com outras pessoas.

Change it: eu falo sobre a situação e explico como o fato de termos tão pouco em comum me machuca. Faço sugestões para mudar a situação interessando-me mais pelos interesses do meu parceiro e desejando que ele faça o mesmo em troca. Procuro interesses novos que possam agradar aos dois. Analiso o que mudou na relação e tento entender a trajetória. Um aconselhamento ou uma terapia podem ser úteis.

Leave it: sinto que não quero continuar vivendo assim, que o relacionamento é um fardo, que eu me sinto isolado e sozinho, e que isso me faz sofrer. Tentei conversar sobre isso e mudar alguma coisa. Se nada adiantou e eu não vejo mais nenhuma chance de mudar a situação, decido me separar. Tento avaliar o que perderei, qual será o preço que pagarei e tento imaginar ao mesmo tempo o que ganharei se sair do relacionamento. Eu deveria fazer essa conta de maneira sóbria e com toda a sinceridade diante de mim mesmo. Devo ter boas razões caso queira me separar.

Outro exemplo: assédio moral no local de trabalho. Num consultório, uma das quatro auxiliares médicas é assediada. A auxiliar médica A é dominante, tem a última palavra e fica dando ordens à auxiliar B. As auxiliares C e D não se envolvem, pois trabalham em outra área no consultório e decidem não interferir.

Love it: a auxiliar médica B decide continuar fazendo seu trabalho com calma e qualidade, sem permitir que a auxiliar A a influencie. Ela se protege concentrando-se totalmente em seu trabalho, que, no fundo, ela ama. Além disso, ela está ciente de que o trabalho nesse ambiente opressor só representa uma parte de sua vida e compensa isso positivamente na vida privada. Ela precisa do trabalho, o salário é bom e ela se dá bem também com o seu chefe, o médico.

Change it: a auxiliar B fala abertamente sobre a situação: primeiro no círculo das três auxiliares. Ela cita exemplos de situações em que se sentiu magoada e depreciada. Quando se depara com incompreensão, não recebe nenhuma explicação e nada muda, então, fala com seu superior, o médico. O objetivo é mudar a situação e a atmosfera entre as auxiliares, seja por meio de um convívio respeitoso entre iguais ou – caso a situação continue difícil – separando as áreas de trabalho das auxiliares A e B, para que os pontos de contato sejam reduzidos ao máximo.

Leave it: a auxiliar B não pode ou não quer falar sobre seus ferimentos. Talvez ela não veja nenhuma chance de algo mudar para melhor ou até já tenha feito uma tentativa de mudar algo. Agora, ela não está mais disposta a continuar suportando a situação. Ela sente que o preço em termos de força e energia é alto demais para trabalhar ao lado da auxiliar A. O salário é bom e o médico a trata bem, mas a atmosfera negativa pesa tanto, que ela decide procurar outro emprego.

Vemos mais uma vez que o importante é tomar decisões e dar passos conscientes. Esse processo ativo da reflexão interior, da busca por respostas e soluções gera uma vivacidade interna que se orienta por uma meta: valorização e respeito por mim mesmo. Eu mereço que eu cuide de mim mesmo sem perder o outro de vista. Quando lido construtivamente com os meus ferimentos, isso me tira do meu papel de vítima e me conduz a uma estabilidade e força, incentivando o desenvolvimento da minha personalidade. Trata-se de perceber e sentir o meu ferimento. Depois, porém, devo aproveitar a oportunidade de sair do sentimento doloroso o mais rápido possível.

Como evitar ferimentos

Permanece a pergunta se eu posso me proteger de ferimentos antecipadamente. Proteção significa distância: não permito que o outro se aproxime tanto que consiga me ferir. Eu delimito o meu espaço, imponho limites.

Para fazer isso, sugerimos que trabalhe com imagens internas. Em nossos cursos, oferecemos as seguintes: um escudo de proteção que carrego diante de mim e que posso sempre levar comigo; um muro por trás do qual posso me esconder; uma fortaleza como símbolo de refúgio e solidez; uma armadura medieval que oferece proteção e que visto quando necessário; duas máscaras – uma feliz e outra triste –, por trás das quais posso esconder meu rosto. É claro que existem inúmeros outros símbolos de proteção e que podem ser úteis. Use sua imaginação! O importante é que cada um encontre a *sua* imagem interior que lhe faça bem.

Outra possibilidade de criar distância entre você mesmo e uma situação que o fere é o método da *dissociação*. Muitos conhecem o conceito no contexto de traumas e de seu processamento inconsciente: o evento traumático é dissociado e reprimido para conseguir viver e lidar com o presente. Por certo tempo, esse é um mecanismo de proteção sensato e útil. Em longo prazo, porém, quando a disposição e a força para processar o trauma estiverem disponíveis, ele deverá ser enfrentado.

Viktor Frankl, o fundador da logoterapia, aproveitou o método da dissociação. Como era judeu, passou vários anos no campo de concentração durante a era nazista. Em sua opinião, ele só sobreviveu porque *dividiu* conscientemente a sua pessoa e criou um *sósia*: ele mesmo permaneceu ileso, e somente uma pequena parte externa de sua pessoa foi confrontada com o terror do campo de concentração. Assim, ele criou uma distância interior que lhe ajudou a sobreviver.

Mesmo que as nossas situações no dia a dia estejam longe de serem tão trágicas, podemos aproveitar esse método. A seguinte imagem serve muito bem para criar uma distância interior entre mim e um evento em que estou envolvido: estou sentado na plateia de um teatro e me vejo no palco da minha vida. Vejo de fora o que está acontecendo, não estou envolvido, e por isso estou protegido. Assim, posso imaginar que, também em situações difíceis, meu íntimo permanece ileso e sadio, aconteça o que acontecer. Internamente, permaneço livre!

Além de O que me protege? posso perguntar também: O que me fortalece? Tudo que faço e crio com alegria, que me transmite entusiasmo, fortalece minha pessoa. Por isso, eu devo me perguntar: O que sei fazer bem? O que me anima? Quais habilidades tenho? O que me orgulha? Quando me conscientizo disso, posso, a partir dessa posição de força, aproximar-me mais facilmente de situações difíceis e que possivelmente me ferem. Além de uma autoestima saudável, sugerimos incluir também o corpo. Como está a minha postura, a tensão do meu corpo? Ela é responsável pela minha linguagem corporal. Um corpo que expressa estou centrado, concentrado, ereto e forte se expõe menos a ataques do que uma postura que expressa pouca energia. A prática de alguma atividade física, exercícios físicos e de respiração ajudam a desenvolver uma postura forte que, por sua vez, fortalece a autoconsciência.

Em termos bem concretos: quando uma situação difícil me espera – por exemplo, uma conversa na qual eu posso ser ferido –, posso praticar de antemão o que e como eu direi algo; posso refletir sobre aquilo que quero alcançar, o que o outro poderá dizer e como reagirei. Isso me deixa mais seguro para enfrentar a conversa, pois me permite apresentar de modo mais autoconfiante.

Todas as sugestões referentes à prevenção exigem prática; isto é, para que elas sejam eficazes, devo transformar em hábito o uso de determinadas imagens interiores, sem me esquecer do meu corpo e de mim mesmo, de todos os meus lados positivos. Tudo que é novo precisa ser praticado; quanto mais eu me exercito nessas práticas, mais eficientes elas se tornam.

Um pequeno exercício prático

Junte as mãos como que para rezar e veja qual polegar está no topo, o da mão direita ou o da esquerda? Junte suas mãos; dessa vez, porém, de tal forma que o outro polegar fique no topo. Você terá uma sensação estranha, como se algo estivesse errado, porque não está acostumado. Se você juntar as mãos muitas vezes dessa forma que lhe é estranha, logo isso se tornará um novo hábito e perderá sua estranheza – é a prática que forma o mestre!

A arte de ser vulnerável

> *Por que eu deveria permitir que fosse ferido?*
> *O que há de desejável nisso?*
> *Por que deveria dominar essa arte?*

Existe uma primeira resposta simples: só uma pessoa vulnerável pode amar e ser amada. Amor e vulnerabilidade andam juntos. Queremos amar pessoas e também a vida. Amamos determinados lugares, situações e encontros. Quando amamos, nós nos envolvemos, nós tocamos e queremos ser tocados. Não queremos ser meros observadores. Mas quanto mais eu me envolvo, quanto mais me aproximo, maior se torna o risco de o toque se transformar em atrito, que pode causar dor. Podemos ser decepcionados, a vida nos apresenta situações com as quais não conseguimos lidar, tudo muda e, no fim, somos confrontados com despedidas e obrigados a soltar aquilo que aprendemos a amar, pois tudo é passageiro.

Então, a solução seria não me envolver para não ser ferido? Eu seria poupado de tanto sofrimento. Mas eu também perderia tanta coisa. Só sinto felicidade, satisfação e alegria de viver quando não fico do lado de fora e me fecho, mas me envolvo.

Se amor e vulnerabilidade fazem parte um do outro, não existe razão de sentir vergonha da minha vulnerabilidade ou de querer negá-la. Ela é um indício da minha capacidade de amar. Trata-se de assumi-la.

Às vezes, preciso dar a mim mesmo a permissão de ficar de luto e de sofrer! Isso não significa entregar-se a uma autocomiseração paralisante. No entanto, muitas vezes, o mundo nos sugere que podemos e devemos ser constantemente felizes, que basta fazer e pensar a coisa *certa*. E quando expectativa e realidade não correspondem, isso me deixa ainda mais infeliz. A arte de permitir que eu seja ferido consiste também em dar um espaço adequado para o meu ferimento, para que algo possa ser transformado.

Outra resposta à pergunta sobre a arte de ser vulnerável também é bastante óbvia, mas, ao mesmo tempo, difícil de digerir: a vida me traz ferimentos que eu não posso evitar. Trata-se de ferimentos que, mais cedo ou mais tarde, todos vivenciam e para os quais não existe nenhuma estratégia para aliviar a dor. São estes os ferimentos que provocam sentimentos de impotência, quando não tenho literalmente nenhum poder e nenhuma possibilidade de influenciar e mudar as coisas.

Passaremos a falar mais sobre isso.

Verdades duras

O frade franciscano norte-americano Richard Rohr frequentemente usa em seus seminários a expressão "verdades duras". Essa expressão se refere a realidades que ninguém quer reconhecer, mas que todos devem admitir. Por exemplo, a verdade: Você morrerá! Ou: Você não é tão importante assim, o mundo sobrevive também sem você. As "verdades duras" nos revelam uma vulnerabilidade dentro de nós que não pode ser evitada nem afastada por descobertas psicológicas nem intervenções terapêuticas. Na maioria das vezes, são os ferimentos grandes e dramáticos que viram nossa vida de ponta-cabeça, e diante dos quais nos sentimos impotentes.

Muitas vezes, vemos também que justamente as pessoas que refletiram intensamente sobre todas as questões da vida permanecem mudas diante dessas "verdades duras". Ainda hoje, as pessoas não gostam de falar sobre a morte, por exemplo, e raramente alguém se prepara para ela. Dois exemplos: a Sra. R. (58 anos de idade), nascida em Moscou, estudou medicina na Crimeia, na década de 1970, e se tornou especialista em neurologia; trabalhava e pesquisava na clínica de uma universidade. Depois da queda da Cortina de Ferro, ela se mudou para a Alemanha com sua família e foi trabalhar numa clínica neurológica. Uma mulher culta e inteligente. Numa conversa, relatou de forma surpreendente que, ainda na Rússia, gostava de ir a cemitérios. Quando o fazia, era tomada por uma sensação de pavor. E à medida que envelhece, esse medo aumenta. Por quê? Durante sua formação na União Soviética não pairava nenhuma dúvida científica sobre a não existência de vida depois da morte; quando o cérebro deixasse de funcionar, tudo acabaria; não existe alma, nenhum *si--mesmo* incorporal. Quem ousasse dizer algo diferente era marcado como fanático religioso. Na União Soviética, religião não era bem-vista, e, muitas vezes, seus seguidores eram perseguidos.

A ideia de que a morte era o fim de tudo tornava os cemitérios na União Soviética lugares assombrosos, pois eles confrontavam as pessoas com sua transitoriedade. Quanto mais velho você era, mais nítida era essa sensação. A morte como último e maior ferimento existencial – também em nossa cultura ocidental de hoje – é uma ideia assustadora.

O Sr. L. era um funcionário em posição de liderança na administração de um ministério do governo alemão em Bonn. É um homem culto. As estantes de livros em sua casa se estendiam até o teto. Quadros valiosos decoravam as paredes e louça cara enchia o armário. O senhor, já com mais de 80 anos de idade, solteiro, sem laços familiares, pede uma visita. À primeira vista, toda aquela cultura acumulada me fascina e eu acredito quando ele me diz que leu todos aqueles livros. Porém, percebo que nas escrivaninhas espalhadas pelo apartamento enorme se amontoam documentos e contas não pagas, que os livros não são mais guardados, mas se espalham pelo chão.

Evidentemente, aquele senhor não consegue dar conta da organização desses bens tão preciosos para um amante da cultura. Aquilo que antigamente ele fazia com alegria e facilidade, agora se transformou num fardo insuportável. Eu passo essa minha impressão para ele e lhe digo que precisa reduzir o número de coisas em seu lar. Seus olhos começam a lacrimejar quando me conta a história dos livros e dos objetos de arte. Cada objeto está vinculado a lembranças. Disse-me que até se separaria dessas obras se conseguisse encontrar amantes dignos delas. Mas não consegue encontrá-los. A verdade dura é: eles não existem ou só existem poucos. E por isso muitos apartamentos de pessoas idosas permanecem entulhados com objetos que, depois de sua morte, são jogados no lixo.

Seria melhor separar-se conscientemente das coisas, suportar a dor e então viver de um modo que lhe permita lidar com a vida. Abrir mão se torna inevitável na segunda metade da vida. Eu só tenho duas possibilidades: participar ativamente do processo ou permanecer passivo. Abrir mão ativamente exige muita força, mas resulta num sentimento de satisfação, na certeza de não deixar para trás um caos total. Mais adiante, iremos à procura dessa força.

Às vezes só uma catástrofe ajuda

Na noite de 23 de março de 1942 ocorreu o primeiro bombardeio, em solo alemão, pela Royal Air Force. Naquela noite, um terço da cidade histórica de Lübeck foi destruído. Foi uma reação à destruição da cidade de Coventry, que custou a vida de mais ou menos 600 pessoas. O cidadão mais famoso da cidade de Lübeck era o vencedor do Prêmio Nobel de Literatura, Thomas Mann. Naquele tempo, ele estava exilado nos Estados Unidos, fugindo do regime nazista.

Em abril de 1942, num discurso memorável transmitido pelo rádio BBC, ele se dirigiu aos seus compatriotas. Como alemão, Thomas Mann defendeu os ataques: "Não me agrada pensar que a Igreja de Santa Maria, a maravilhosa câmara municipal renascentista e a casa da associação dos barqueiros tenham sido danificadas. Mas [...] nada tenho a opor à doutrina de que tudo deva ser pago".

Depois da Segunda Guerra Mundial, Thomas Mann foi fortemente hostilizado como "traidor da pátria" pela geração que lutou na guerra. Foram só os filhos da guerra – isto é, os filhos daqueles que participaram da guerra – que puderam ver as vítimas e destruições nas cidades como efeito de uma bárbara guerra de ataque iniciada por seu próprio povo.

Muitos conseguiram aceitar a dura verdade de que, aparentemente, somente por meio da derrota da Alemanha foi possível uma mudança de consciência e uma postura de "guerra nunca mais". A Alemanha se tornou um povo pacífico não por meio de uma introspecção, não por meio de sucessos econômicos ou militares, mas por meio da experiência da derrota.

Uma imagem disso foi a Catedral de Colônia, ao lado da estação ferroviária central. Voltando para casa depois da guerra, muitos soldados e civis expulsos da cidade pelos bombardeios passaram por essa estação. Quando saíam na praça em frente a ela, viam o centro da cidade totalmente destruído, no meio da qual a Catedral de Colônia ainda se erguia ilesa. Muitas pessoas caíam de joelhos diante dessa vista e começavam a chorar descontroladamente. Toda a dor pelos anos de vida perdidos, pela perda de entes queridos e, muitas vezes, também do lar transbordava diante daquele cenário. Alguns iam espontaneamente até a catedral em busca de consolo para o seu luto e desespero, para seus ferimentos psíquicos e físicos.

Essas experiências nos levam a outra *verdade dura*. É bom quando estamos sendo bem-sucedidos, podemos ser gratos quando o sol brilha sobre a nossa vida. Mas aquilo que faz a nossa consciência crescer, aquilo que nos traz avanços pessoais, são, evidentemente, as experiências dolorosas e difíceis. Isso vale para as experiências coletivas de um povo – por exemplo, para as experiências de uma guerra –, mas também para a nossa vida pessoal. É claro que isso não é uma verdade agradável, e nada pode ser amenizado.

Achamos que deveríamos ter alcançado um nível de consciência mais alto, permitindo nosso desenvolvimento. Mas a *verdade dura* é outra. Em nosso consultório de aconselhamento essa verdade dura é confirmada continuamente. Não existe ninguém que em algum momento da vida não lute com experiências e ferimentos difíceis e dolorosos.

Alguns não conseguem superar isso durante a vida inteira. Mas quando encaramos os ferimentos, nós os percebemos e vivenciamos em toda a sua dor, podendo extrair uma força interior nova e mais profunda que transforma a nossa vida e nos abre para novas perspectivas. Nesse sentido, C.G. Jung diz: "Não há despertar de consciência sem dor!"

O mistério do cristianismo: cruz e ressurreição como fonte de cura

Um dos grandes mistérios da história do mundo é a propagação quase que explosiva do cristianismo até as fronteiras da civilização antiga em torno do Mar Mediterrâneo e até a Índia e a China.

Sempre é bom lembrar como esse desenvolvimento surgiu. O cristianismo não teve sua origem no batismo de Jesus nem em seu ministério aqui na terra. Não era um manifesto dogmático. Ele surgiu do dinamismo entre a Sexta-feira Santa e o Domingo de Páscoa. Trata-se do dinamismo de cruz e ressurreição. Depois da condenação e da *via crucis*, Jesus morreu como um criminoso, deixando para trás seguidores decepcionados. Todas as esperanças de uma vida melhor que eles tinham depositado nesse orador e curador carismático estavam destruídas. A Sexta-feira Santa foi um ponto baixo, não só para o Homem de Nazaré, que sofreu a tortura da morte na cruz, mas também para todas as pessoas que tinham depositado suas esperanças nele.

Suas discípulas e seus discípulos tinham arriscado muito, mudado sua vida; tinham adorado e amado esse homem. Agora o viam na cruz e estavam desolados. Provavelmente viam sua vida naquele momento como uma grande ruína. Tudo havia sido ruído.

Amor decepcionado não gera somente tristeza, mas também raiva. Eu não me admiraria se os discípulos e discípulas tivessem sentido uma grande raiva: da justiça aleatória, dos representantes do Império Romano, do procurador Pôncio Pilatos, mas também do próprio Jesus, do qual tinham esperado algo tão diferente. E então a virada: entre a Sexta-feira Santa e o Domingo de Páscoa ocorreu o inesperado: o túmulo estava vazio. As mulheres que foram visitar o túmulo na manhã pascoal para cuidar do corpo de Cristo encontraram apenas um túmulo vazio e dois homens em vestes brilhantes. O Evangelista Lucas descreve a cena da seguinte forma:

> No primeiro dia da semana, de manhã muito cedo, as mulheres vieram ao túmulo trazer os perfumes que tinham preparado. Encontraram a pedra do túmulo removida e, entrando, não acharam o corpo do Senhor Jesus. Ficaram sem saber o que fazer. Nisso, dois homens vestidos de roupas brilhantes apareceram diante delas. Como ficassem aterrorizadas e baixassem os olhos para o chão, eles disseram: "Por que procurais entre os mortos quem está vivo? Ele não está aqui, mas ressuscitou! Lembrai-vos do que vos falou quando ainda estava na Galileia: O Filho do homem deveria ser entregue ao poder de pecadores e ser crucificado, mas ressuscitaria ao terceiro dia". Então elas se lembraram das palavras de Jesus. Voltando do túmulo, comunicaram tudo isso aos Onze e a todos os outros (Lc 24,1-9).

Essa cena representa a hora do nascimento do cristianismo. O túmulo de Jesus estava vazio. A vida, e não a morte, teve a última palavra.

O Evangelista João descreve essa cena de forma ainda mais dramática. No início, Maria Madalena não entra no túmulo quando vê a pedra removida. Provavelmente, ela ficou com medo e retornou rapidamente para junto dos discípulos. Então, eles correram até o túmulo; todos queriam ser o primeiro. Encontraram o sudário. No entanto, Maria Madalena foi a primeira a ver o Jesus ressurreto e não o reconheceu de imediato, acreditando estar falando com o jardineiro:

> Maria ficou do lado de fora, chorando junto ao sepulcro. Enquanto chorava, inclinou-se para o sepulcro e viu dois anjos vestidos de branco, sentados no lugar onde estivera o corpo de Jesus, um à cabeceira e outro aos pés. Eles perguntaram: "Mulher, por que choras?" Ela respondeu: "Porque levaram o Senhor e não sei onde o puseram". Depois de dizer isso, ela virou-se para trás e viu Jesus que ali estava, mas não o reconheceu.
> Jesus perguntou-lhe: "Mulher, por que choras? A quem procuras?" Crendo que era o jardineiro, ela disse: "Senhor, se foste tu que o levaste, dize-me onde o puseste, e eu irei buscá-lo". Respondeu Jesus: "Maria".
> Ela virou-se e disse em hebraico: "Rabuni" – que quer dizer Mestre. Jesus disse: "Não me retenhas porque ainda não subi ao Pai. Vai aos meus irmãos e dize-lhes: Subo para meu Pai e vosso Pai, meu Deus e vosso Deus"
> (Jo 20,11-17).

A despeito de todas as diferenças na descrição dessa cena, fica muito claro que aqui, no túmulo, ocorreu uma transformação que levou o luto e a raiva profundos da Sexta-feira Santa para o mistério da ressurreição e a alegria da Páscoa. Os primeiros cristãos falavam disso em cada um de seus encontros. E também à luz desse evento as histórias de Jesus eram interpretadas, recebendo uma nova dinâmica. Morte e ressurreição tinham acontecido indubitavelmente, mas não foram eventos históricos no sentido clássico da palavra, mas testemunhos de uma nova fé.

Morte e ressurreição de Jesus eram uma fonte de força enorme para o dia a dia, para as tribulações, hostilizações e ataques com os quais os seguidores dessa nova fé estavam sendo confrontados. Todos esses eventos difíceis e golpes do destino podiam ser transformados pela conscientização do grande amor de Deus que se manifesta no processo de transformação da morte em ressurreição. Reunidos em assembleia, os fiéis contavam as histórias de Jesus; liam as cartas dos apóstolos; comiam, bebiam e cantavam juntos.

Foi Plínio, procurador da Bitínia, que, numa carta ao Imperador Trajano (53-117 d.C.), mencionou um hino que era cantado antes do nascer do sol e que deu origem ao nosso *Glória*:

> Glória somente a Deus nas alturas
> e obrigado por tua graça.
> Porque agora e nunca mais
> nenhuma piedade pode nos mover.
> Deus se agrada de nós,

agora há grande paz sem cessar,
todas as rixas estão no fim.

Nós te louvamos e adoramos,
pela tua honra nós agradecemos;
Tu, Deus Pai para sempre,
governas sem hesitar.
Teu poder é imensurável,
o que acontece é o que tua vontade tem em mente.
És bom para nós, ó bom cavalheiro!

Ó Jesus Cristo, filho nascido
de teu pai celestial.
Reconciliador dos perdidos,
silenciador de nossa luta.
Cordeiro de Deus, santo Senhor e Deus,
aceita o pedido de nossa necessidade!
Tenha misericórdia de todos nós!

Tudo isso nos mostra que, no evento da morte e ressurreição, inicia-se um processo dentro de nós. Como já dissemos, a morte e a ressurreição de Jesus certamente aconteceram; mas, no fundo, a sequência histórica exata não é a mais importante. Não se trata somente do evento histórico, mas também do efeito que ele teve e continuará tendo nas pessoas. Por isso, podemos percebê-lo em nós, ainda hoje.

Tratamos aqui somente dos aspectos espirituais dessa ocorrência. Queremos começar com a percepção de que a *via crucis* de Jesus até a morte no Gólgota e a transformação no túmulo têm um caráter exemplar. O caminho que Jesus percorreu tem a ver com a nossa vida. Voltaremos a falar disso mais detalhadamente.

A dificuldade com a cruz

Se quisermos entender a *arte de permitir ferimentos*, não existe caminho que possa ignorar o símbolo da cruz. No início do cristianismo, na Igreja ainda jovem, a cruz não era usada como símbolo frequente dessa nova fé; o principal símbolo era o peixe. Mas na Antiguidade tardia e principalmente na Idade Média a cruz se tornou símbolo da paixão de Jesus e, ao mesmo tempo, símbolo da superação do sofrimento, começando a aparecer em todas as igrejas e nas casas dos fiéis. A partir do século XI, as Igrejas começaram a acrescentar à cruz um *Corpus Christi*, que representava a tortura de Jesus de modo bastante realístico. Jesus foi torturado, açoitado, zombado. Todas as formas de tortura que as pessoas da Idade Média conseguiam imaginar eram adicionadas à cena da crucificação de Jesus. Um bom exemplo das consequências é o famoso *Crucifixus dolorosus*, em Santa Maria, no capitólio em Colônia. Nele, o sofrimento de Jesus é mostrado não só por causa dos ferimentos; seu corpo inteiro sangra, tornando-se uma ferida.

As pessoas que contemplavam esse Jesus sofredor reconheciam seus próprios ferimentos nele. O famoso museu St. Annen em Lübeck e o museu Wallraf-Richartz em Colônia estão repletos de imagens desse misticismo medieval do sofrimento. Essas imagens não são representações de um evento histórico, mas *imagens terapêuticas* para as pessoas que estavam sofrendo na época em que foram criadas. Na contemplação da dor elas podiam entregar um pouco de sua própria dor ao Cristo sofredor. Muitas vezes, não estamos mais familiarizados com esses processos. Principalmente a geração que nasceu depois da Segunda Guerra Mundial não se interessa mais por esse misticismo do sofrimento. Ninguém quer ser lembrado desses tempos cruéis.

Muitos participantes de nossos seminários, também pessoas próximas à Igreja, demonstram grande dificuldade quando falamos sobre o evento na cruz. Por que Deus precisa se sacrificar em seu próprio Filho? Eles querem sair de seu papel de vítima, decidir sobre sua própria vida, sem consciência pesada, sem complexos de culpa. Querem se defender contra os ferimentos da alma, que existem também hoje em grande número, e desfrutar da plenitude da vida. Isso é compreensível. Durante séculos, as pessoas foram disciplinadas com a ameaça de castigos infernais. As igrejas pregavam o medo, não a alegria do evangelho.

Mesmo assim, é impossível não perceber o lado sombrio no nosso mundo atual e na nossa própria vida. As mídias estão cheias de notícias sobre crueldades, guerras, catástrofes naturais, abuso, injustiças. E também no âmbito pessoal, a vulnerabilidade aumenta, a despeito das muitas possibilidades terapêuticas. Nenhuma geração antes de nós recorreu tanto à psicoterapia. Isso fez com que adquiríssemos um conhecimento muito maior sobre as causas da nossa vulnerabilidade psíquica do que qualquer geração anterior à nossa.

Mas estamos melhor por causa disso? Em nossos cursos, lidamos frequentemente com pessoas que, ao longo de muitos anos, recorreram a uma terapia após a outra, sem que conseguissem superar seu profundo ferimento emocional. Os padrões apresentam uma resistência surpreendente.

Um exemplo: uma mulher de 50 anos de idade trava uma briga interna há mais de 20 anos por causa da falta de afeto do pai em sua infância. Ele não entende isso, pois sempre quis o melhor para ela; sofre com sentimentos de culpa e acusa a si mesmo, sem realmente conhecer a razão. Quanto mais pai e filha envelhecem, mais difícil se torna o contato. Ela sabe muito sobre si mesma, já fez várias terapias e coletou uma montanha de informações sobre seu ferimento. Mas nada muda; falta-lhe o passo da informação para a transformação. Esse passo não pode ser forçado psicologicamente. Ele exige que ambos estejam dispostos a se envolver e a renunciar aos padrões antigos, portadores de grande dor emocional. Richard Rohr descreve isso da seguinte forma: em algum momento de minha vida preciso reconhecer que não posso continuar assim. É decisão minha se quero passar meus dias como um *velho frustrado* ou se aprendo a abrir mão disso.

Para que esse processo possa acontecer é preciso acessar novas possibilidades de comportamento e relacionamento. Muitas vezes, isso é doloroso, pois antes de me entregar às novas possibilidades preciso me livrar desse peso morto, parar de acusar e culpar a mim mesmo e os outros, deixando de travar uma briga inútil com as chances perdidas.

No início, esse acesso se apresenta como uma descida. Você ouvirá vozes que dizem: "Você só está nessa situação miserável porque seus pais fizeram tudo isso com você ou porque não lhe deram isso e aquilo. A sua miséria é culpa deles". Ou: "Foi seu marido que a deixou tão mal porque ele se separou de você". Essas vozes não podem adquirir poder sobre nós; caso contrário, permaneceremos sempre presos nesses padrões antigos!

Já que essa luta é dura, Richard Rohr colocou uma cruz no início dessa descida, como um sinal que aponta o caminho. A cruz significa: a partir daqui, as coisas ficarão desagradáveis, mas este é também o caminho para uma vida nova. A cruz nos mostra que a nossa vida até agora precisa ser *cruzada*, se realmente quisermos que algo mude. A cruz não quer que permaneçamos nos becos sem saída da nossa vida.

Resumindo, poderíamos dizer que estas duas palavras-chave: *cruz* e *ressurreição*, apontam para as fontes da força que pode nos ajudar a superar ferimentos e crises dramáticas de nossa vida.

Mas onde encontro essas fontes? Esta é uma pergunta para a qual muitas pessoas tentam encontrar respostas. Uma delas seria: devo ir em busca dessas fontes, partir e seguir esse caminho; somente então poderei vivenciar coisas *milagrosas*.

"Vós me buscareis e me encontrareis porque me procuráveis de todo o coração" (Jr 29,13). Não encontramos automaticamente essas fontes de força especiais. Ler um livro ou participar de um seminário no mosteiro pode fornecer impulsos importantes. Estes, porém, só terão algum efeito se eu realmente colocar o pé na estrada.

A seguir, descreveremos em maiores detalhes um caminho que possui uma longa tradição no cristianismo: a *via crucis* de Jesus. Mas antes de nos ocuparmos com ela devemos dar mais uma olhada na vida do Mestre.

Anteriormente em...

A *via crucis* de Jesus só se torna compreensível se não esquecermos sua vida e o seu ministério, sua mensagem de amor, misericórdia e perdão. Jesus *ressuscitou* muitas pessoas, Ele as encorajou, devolveu-lhes dignidade e uma nova perspectiva. Pensamos aqui no paralítico junto ao tanque de Betesda, ao qual Ele diz: "Levanta-te, toma o teu leito e anda", após o paralítico ter esperado em vão pela cura durante 38 anos e já ter desistido. Zaqueu, o coletor de impostos, desprezado por todos, sobe, curioso, numa árvore para poder ver Jesus, convidando-o para que vá em sua casa. Esse encontro transforma fundamentalmente a vida do coletor de impostos. Existem ainda muitas outras histórias de cura que falam do amor de Jesus.

É surpreendente o número de pessoas atormentadas por uma imagem negativa de Deus, pois Ele foi apresentado a elas como um Deus rígido e castigador. É compreensível que não queiramos nos envolver com esse tipo de deus e evitemos qualquer contato com a Igreja e seus representantes. É, porém, curioso que esse tipo de imagem de Deus seja o exato oposto daquilo que Jesus era e pregava. Ele combatia os fariseus, que eram rápidos em julgar e insistiam no cumprimento mesquinho da lei. É difícil nos livrarmos de imagens antigas de Deus que se gravaram profundamente em nossa alma e encontrar um novo acesso a Ele. Talvez consigamos isso se permitirmos que a *via crucis* nos mostre que Deus é encontrado *lá no fundo*, onde presenciamos um Deus que chora e ora desesperadamente.

Na *via crucis*, morte e ressurreição de Jesus, sua mensagem revela a sua essência. O fato de Jesus seguir o caminho até o fim é um ato de amor. É um ato de amor mostrar-se como um ser humano tão vulnerável como nós. Jesus permanece totalmente homem até o fim, sendo condenado e morrendo na cruz. Mas a história não termina por aí; é seguida pela ressurreição, que sempre permanecerá um mistério. Jesus morreu como ser humano, mas ressurgiu como Cristo. É nessa natureza divina que Ele manifesta aos seus discípulos e discípulas, e testifica: eu estou e permaneço no meio de vocês; meu espírito os guiará; vocês não estão sozinhos.

Deus se tornou homem em Jesus para que nós reconhecêssemos quem e como Deus é. Para que não adorássemos um Deus distante, mas seguíssemos um Deus amoroso que está sempre conosco: "O Reino de Deus está no meio de vós" (Lc 17,21). Esta é a essência do cristianismo: Deus se aproxima tanto de nós para que possamos reconhecer que Ele está em nós. Assim, Paulo escreve em Gl 2,20: "Já não sou eu que vivo, é Cristo que vive em mim". E em Jo 17,21 lemos: "Que todos sejam um como Tu, Pai, estás em mim e eu em ti, para que eles estejam em nós".

Se Deus está em nós, temos um núcleo imortal e divino. A nossa morte terrena não demarca o fim, mas o início de uma nova dimensão. Mas ressuscitaremos não só na morte; podemos vivenciar momentos de ressurreição também nesta vida. As imagens sobre a *via crucis* expressam esta ambivalência: de um lado, dor, desânimo, solidão; de outro, a força do amor e da comunhão. Por isso, o coração faz parte de muitas imagens.

A *via crucis* como caminho da transformação

Quando nos entregamos à *via crucis*, o objetivo não é uma contemplação distanciada de imagens históricas, mas a busca do nosso próprio caminho. Quando caminho, estou sempre numa postura ativa. Eu posso e devo percorrer minha própria *via crucis*, mas não sou impotente. Não sou vítima, sou agente. E, acima de tudo, não estou sozinho. Quando descubro que a minha *via crucis* e a *via crucis* de inúmeras outras pessoas transparecem na *via crucis* de Jesus, meu coração fica mais leve.

Neste livro já ressaltamos várias vezes a importância de imagens e símbolos. Eles abrem a nossa alma às dores e feridas profundas e, ao mesmo tempo, à lembrança dos momentos mais felizes da nossa vida. A *via crucis* de Jesus está repleta de imagens cheias de energia. Desde a Idade Média, ela foi mudada constantemente. Estações foram acrescentadas ou removidas. Por isso, tomamos a liberdade de resumir as possíveis estações em quatro temas principais:

Primeira estação: Oração no Jardim do Getsêmani
Segunda estação: Condenação e *via crucis*
Terceira estação: Crucificação e morte
Quarta estação: O túmulo vazio; a ressurreição

Primeiro descreveremos as estações em maior detalhe, com seu sentido histórico e seu significado atual. No final de cada estação você encontrará a sugestão de uma meditação.

Primeira estação: Oração no Jardim do Getsêmani

A *via crucis* de Jesus teria transcorrido de forma diferente se Ele não tivesse vivenciado o fortalecimento dos anjos enquanto seus discípulos dormiam. Essa oração não foi uma oração silenciosa nem harmoniosa; foi uma luta existencial, uma pergunta insistente pelo *Por quê?*, um clamor para que o cálice amargo não passasse por Ele. Era um grito pela vida. Todos os que trabalham no aconselhamento de pessoas que receberam o diagnóstico de uma doença fatal conhecem essa fase.

"O que será da minha família quando eu não estiver mais aqui? Ainda tínhamos tantos planos!" Para muitos, é quase impossível aceitar que isso não será mais possível. O fato da finitude da nossa vida é um ferimento enorme, talvez o maior que precisamos suportar. No entanto, mesmo quando não estou sendo confrontado com o fim da minha vida terrena, existem situações que percebemos como um tipo de morte: o fim de um relacionamento de muitos anos, a interrupção inexplicada de uma amizade, a perda de um emprego, uma traição ou uma decepção profunda. Muitos concluem: Cheguei ao fundo do poço e não sei como continuar. Talvez eu me sinta tão abandonado como Jesus, cujos amigos dormiam no Jardim do Getsêmani, enquanto Ele, apavorado e desesperado, encarava aquilo que estava por vir.

Jesus pôde dizer: "Não se faça a minha vontade, mas a tua" (Lc 22,42). E então vieram os anjos e o fortaleceram, como conta Lc 22,43. Os outros evangelistas parecem não dar tanta importância a esse aspecto, pois só o encontramos em Lucas. No entanto, ele é de importância fundamental para suportar, transformar e curar ferimentos que não podemos mudar. Precisamos de uma força interior que é mais forte do que a dor. Jesus encontra essa força na oração por meio de um anjo. A pergunta que podemos nos fazer é: Também conseguimos nos abrir para essa força?

Muitas pessoas demonstram dificuldades na hora de orar. A nossa imagem da oração é marcada por fórmulas e espaços *de Igreja*. Jesus, porém, costumava orar na natureza, como o vemos no Jardim do Getsêmani. Ele sentia que na natureza podia estar próximo do Deus Criador Javé. Ainda hoje, aquelas oliveiras seculares deixam os visitantes impressionados. Sabemos hoje que árvores são potencialmente imortais. Sua casca pode se renovar infinitamente. Por isso, sentimos tanta alegria quando sentamos encostados numa árvore ou a abraçamos. Esse gesto de entrar em contato com uma árvore pode se transformar em oração: percebo que sou parte da grande criação, que existe um Criador com o qual me relaciono, não importa como. Quando há essa conexão, sinto-me menos abandonado e minha confiança é renovada para conseguir trilhar o caminho difícil à minha frente. Por meio desse tipo de oração na natureza, as pessoas que não conseguem mais acreditar em Deus podem encontrar um novo acesso à dimensão espiritual da vida.

Outro caminho é a música. A título de exemplo, os concertos para bandolins de Vivaldi levam muitos às lágrimas. Os corais também têm um efeito incrível. Cito dois deles: *In dir ist Freude in allem Leide* (Em ti há alegria em todo sofrimento). Trata-se de um hino escolhido por uma senhora já idosa da nossa comunidade após ter recebido o diagnóstico de câncer no pâncreas. Isso significava que lhe restavam apenas poucos meses de vida. Ela havia se retirado para uma pequena casa de campo com seu marido, para morrer ali. Nós gravamos o hino e o reproduzimos para ela:

> *In dir ist Freude in allem Leide,*
> *o du süsser Jesu Christ!*
> *Durch dich wir haben himmlische Gaben,*

du der wahre Heiland bist;
hilfest von Schanden, rettest von Banden.
Wer dir vertrauet, hat wohl gebauet,
wird ewig bleiben. Halleluja.
Zu deiner Güte steht unser G'müte,
an dir wir kleben im Tod und Leben.

*

Em ti há alegria em todo sofrimento,
Ó doce Cristo Jesus!
Por meio de ti, temos dádivas celestiais,
Tu és o verdadeiro Salvador;
Proteges da desonra, salvas de bandos.
Quem em ti confia tem boa edificação,
Permanecerá para sempre. Aleluia.
Nossa alma confessa tua bondade,
A ti nos agarramos na vida e na morte.

Quando estávamos sentados na frente da casa daquela senhora e ouvimos, à sombra das muitas árvores e na luz do sol que transparecia pelas folhas, esse coral, todos nós sentimos uma atmosfera cheia de paz e até de leveza.

O outro é *Wer nur den lieben Gott lässt walten* (Basta deixar o bom Deus agir). Muitas pessoas que não frequentam a igreja passaram a conhecer esse coral no filme *Vaya con dios*, com o jovem Daniel Brühl no papel principal. O filme conta a história de três monges da ordem religiosa (fictícia) dos cantorianos, que, como últimos habitantes, são obrigados a deixar seu mosteiro. Cada um deles tenta encontrar seu próprio caminho e precisa vencer algumas aventuras.

(1)

Wer nur den lieben Gott lässt walten
und hoffet auf ihn allezeit,
den wird er wunderbar erhalten
in aller Not und Traurigkeit.
Wer Gott, dem Allerhöchsten, traut,
der hat auf keinen Sand gebaut.

(2)

Was helfen uns die schweren Sorgen,
was hilft uns unser Weh und Ach?
Was hilft es, dass wir alle Morgen
beseufzen unser Ungemach?
Wir machen unser Kreuz und Leid
nur grösser durch die Traurigkeit.

(7)

Sing, bet und geh auf Gottes Wegen,
verricht das Deine nur getreu
und trau des Himmels reichem Segen,
so wird er bei dir werden neu;
denn welcher seine Zuversicht
auf Gott setzt, den verlässt er nicht.

*

(1)

Basta deixar o bom Deus agir
E nele confiar todavia.
Ele o preservará
Em toda dor e sofrimento.

Aquele que confia no Altíssimo
Não construiu sobre areia.

(2)
O que adiantam as preocupações penosas,
O que ajudam todos os nossos ais?
O que adianta lamentar
A nossa miséria a cada manhã?
Só aumentamos nossa cruz e nossa dor
Por meio da tristeza.

(7)
Canta, ora e anda nos caminhos de Deus,
Cumpre fielmente o teu dever
E confia na rica bênção dos céus,
Assim, Ele se renovará em ti;
Pois aquele que deposita sua confiança
Em Deus, este Deus não abandonará.

Escolhemos estes exemplos porque vivenciamos sempre de novo que eles costumam ajudar pessoas (principalmente as mais velhas) em seu processo de luto. Mas também pessoas mais jovens podem encontrar consolo na música. Tobias, um rapaz de 16 anos de idade, tem um tumor na cabeça, ele está morrendo e lhe restam apenas poucas semanas de vida. Todos que o conhecem estão perplexos. Por que Tobias não pôde realizar os seus sonhos, não pôde formar uma família, casar-se, nem exercer uma profissão? Em vez disso, a única coisa que pode fazer é aguardar a morte. Quando marcamos uma visita ao hospital, ele pediu que eu lhe trouxesse sua música favorita: *You'll never walk alone*. Desde sua infância, Tobias é fã do clube de futebol HSV e assistiu muitos jogos no estádio com seu pai e seus amigos. Quando nos encontramos, ouvimos esse hino, no volume máximo – eu havia combinado com as enfermeiras.

Esse hino mais famoso de um clube de futebol conecta todos os fãs no mundo inteiro, não importa a qual clube pertencem. A mensagem central: seu caminho adiante é difícil, mas você não precisa andar sozinho! Todos nós estamos com você! Deus está com você!

Algumas semanas depois, o jovem morreu. Ele quis que esse hino fosse tocado em seu enterro. Mas não como gravação. Queria que fosse cantado ao vivo. A Igreja estava lotada: amigos, colegas, professores, a família; todos estavam presentes. E sentimos o que as palavras dessa música expressam:

At the end of a storm there's a golden sky.

*

Nós nos veremos de novo!

Estes são alguns exemplos das forças interiores que podemos ativar para nos preparar para situações difíceis. O importante é que você encontre seu próprio Jardim do Getsêmani, sua própria fonte de força, seu próprio jeito de orar, seu próprio caminho espiritual. Seja criativo, talvez nem seja tão difícil encontrar seu próprio jeito de orar!

Meditação para a primeira estação: reúno força interior

Jesus ora no Jardim do Getsêmani. Sozinho, em diálogo com Deus, Ele se prostra no chão, e clama: "Pai, se queres, afasta de mim este cálice; contudo, não se faça a minha vontade, mas a tua". Um anjo do céu lhe aparece e lhe dá forças.

*

Penso nas situações em minha vida nas quais me senti abandonado e orei a Deus. Não recebi a resposta que esperava, mas sim, surpreendente, uma totalmente diferente daquela.

Segunda estação: Condenação e *via crucis*

O processo rápido que culminou com a condenação de Jesus mostrou a todas as testemunhas oculares que a sentença já havia sido determinada antes do processo. Testemunhas não foram ouvidas. Jesus devia ser afastado, o mais rápido possível, apesar de ninguém saber exatamente qual era o crime que Ele havia cometido para que justificasse sua morte na cruz. Os líderes religiosos exerceram influência e obtiveram o que queriam. O procurador romano assinou a sentença de morte. Esse processo ocorreu há mais de dois mil anos, mas o modo como Jesus foi tratado no tribunal é uma realidade ainda hoje. Basta lembrar os jornalistas presos na Turquia ou Deniz Yücel, que passou um ano na prisão sem acusação. A imagem da pessoa inocente condenada e tratada injustamente ressoa fortemente. Muitas vítimas de assédio moral se sentem condenadas; sua reputação fica arruinada, sendo difícil sair dessa situação. Um sentimento de impotência e raiva toma conta, como também de paralisia. Todos passaram pela situação de ter sofrido alguma injustiça: há pessoas com e sem deficiência; existem crianças que recebem mais amor e experimentam mais aconchego do que outras; inteligência, talentos e habilidades são distribuídos de forma desigual; ainda hoje, pessoas são discriminadas em virtude de sua origem e cor; há quem tenha sorte, conhece as pessoas certas e, graças a relacionamentos, consegue fazer carreira; no entanto, outros ficam para trás, a despeito de todos os esforços que fazem.

Como podemos lidar com isso? A *via crucis* de Jesus – isto é, as estações no caminho – nos fornece indícios que apontam para uma saída.

Jesus toma a sua cruz e a carrega. A caminho do calvário, Ele cai três vezes; a cruz é muito pesada e suas forças estão acabando. É exatamente essa perda gradual de força que observamos em muitas pessoas que são esmagadas pelo peso de seus problemas. Elas sentem: "Não aguento mais. Desisto!" Situações desse tipo podem levar à depressão ou à ideação suicida.

Na *via crucis* de Jesus, porém, acontecem também encontros com pessoas que o apoiam e fortalecem: Simão de Cirene ajuda a carregar a cruz; Jesus encontra sua mãe; Verônica enxuga o suor em sua testa; também encontra mulheres que eram próximas dele e que choram diante de tamanho sofrimento.

Essa poderia ser uma chave para superar a própria *via crucis*: quando estou abatido, decepcionado e sem força, concentro-me primeiramente em meu sofrimento. Muitas vezes, não quero admitir para mim mesmo que sou impotente, não demonstrando minha fraqueza. Em vez de me fechar, posso me conscientizar daquilo ou de quem poderia me ajudar a carregar meu fardo. O que ou quem poderia me levantar? Isso pode vir por meio de uma ajuda concreta ou simplesmente empatia de outras pessoas. Ambas as coisas podem me fortalecer e me levantar interna e externamente. Não preciso fazer tudo sozinho.

O que aconteceu na *via crucis* de Jesus talvez seja parte do processo de transformação. O *sacro* – também chamado *cruz* em alemão – é importante para uma postura ereta. Foi o fortalecimento do sacro na evolução que permitiu ao ser humano desenvolver uma postura ereta. É possível que a *via crucis* de Jesus também esteja relacionada à postura ereta, que é necessária e que faz do ser humano um humano?

Os primeiros teólogos da Igreja primitiva tinham noção disso: em 155, Justino Mártir escreveu em sua *Primeira apologia*:

> A crucificação é o maior mistério do poder e domínio de Cristo. Contemplem se tudo o que existe no mundo pode ser manuseado sem essa figura da cruz ou se não existe uma relação com ela. O mar não pode ser atravessado se esse sinal da vitória, que aqui se chama vela, não permanecer ileso no navio. A terra é arada pela cruz e os artesãos fazem seu trabalho com ferramentas que apresentam essa forma; a figura humana se distingue da forma dos animais irracionais por ser ereta, poder estender os braços e apresentar uma protuberância no rosto, o nariz, pela qual passa a respiração nos vivos e que não possui outra forma senão a da cruz.

O Jesus condenado a caminho do calvário adquire postura. Ele não grita, não resiste com violência, mas segue seu caminho com a sua cruz. Ele leva algo a cabo; apesar de difícil, vai até o fim. O que podemos aprender desse fato? Quanto mais forte é o meu sacro físico – sobretudo o meu *sacro psíquico* –, mais fácil se torna percorrer a inevitável *via crucis*.

Um exemplo tirado do nosso aconselhamento: a Sra. P. (85 anos de idade) tem uma neta dependente de substâncias químicas. O pai não sabe lidar com isso e a mãe fugiu. A única pessoa que pode ajudar é a avó. É um caminho cheio de espinhos ajudar uma jovem com problemas ligados a drogas. Constantemente, aquela senhora precisa lidar com reveses, e às vezes a neta até a ataca fisicamente. Ela é a ajuda na *via crucis* da neta, como Simão de Cirene, que ajuda Jesus a carregar a cruz. A Sra. P. não pensa duas vezes. Diz: "Minha neta não vai me vencer". Pergunto: "De onde a senhora tira essa força?" Ela responde: "Minha mãe foi meu exemplo. Ela sempre fez o que teve de ser feito, sem pensar muito. Talvez seja realmente verdade que existem muito mais mãos dispostas a ajudar do que pensamos. Só precisamos estar abertos para a ajuda que é oferecida". A história ainda não teve um final feliz, mas a Sra. P. insiste: "Eu não desisto!"

Meditação para a segunda estação: estou disposto e carrego meu fardo

Ao amanhecer, os sumos sacerdotes e anciãos do povo decidiram pela execução de Jesus. Mandaram amarrá-lo e o entregaram Ao procurador Pôncio Pilatos, que lhes disse: "Qual é o crime que ele cometeu?" Então gritaram: "Crucifique-o!" Quando Pilatos viu que não estava chegando a lugar algum e que o tumulto só estava aumentando, ele ordenou que lhe trouxessem uma bacia de água, lavou suas mãos e disse: "O sangue deste homem não está nas minhas mãos. Isso não é problema meu!" Então Jesus tomou a sua cruz e a carregou até o calvário. Ele caiu repetidas vezes, sendo consolado por sua mãe, suas discípulas e por Simão de Cirene, que o ajudou a carregá-la.

*

Penso nas situações em minha vida em que me senti condenado, marcado, impotente, desesperado... Mas sempre apareceu alguém que não me abandonou, que ficou perto de mim e ajudou a tornar minhas dores mais suportáveis.

Terceira estação: Crucificação e morte

O fim se aproxima. O tempo é limitado quando o processo da morte se inicia – na cruz, na UTI ou em casa. Os quatro evangelhos retratam essa cena de formas diferentes. Um deles conta: Jesus é crucificado no Gólgota ao lado de dois criminosos. Um deles aceita seu destino e diz com sarcasmo: "Tu não és o Cristo? Ajuda a ti mesmo e a nós". O outro pede perdão a Jesus e recebe dele a promessa de que entrará no Reino dos Céus ainda naquele dia.

As últimas palavras antes da morte têm um significado especial. Muitos que acompanharam moribundos ou vigiaram ao lado de seu leito sabem disso. Às vezes, é uma única palavra. Jesus também disse coisas importantes na hora de sua morte; por exemplo, ao conversar com os dois criminosos, um à sua direita e outro à sua esquerda.

Na hora de sua morte, Jesus estava preparado, mas também desesperado. Segundo o Evangelho de Marcos, Ele exclamou em alta voz: "Meu Deus, meu Deus, por que me abandonaste?" Já no Evangelho de João, sua morte é mais suave. Em todas as narrativas, porém, nós sentimos:

este não é o fim, é o momento do maior amor e da maior oportunidade de fazer as pazes e de perdoar o que deve ser perdoado.

Nem sempre estamos na situação extrema em que alguém realmente morre, mas muitas vezes nos sentimos como se fôssemos moribundos: algo chega ao fim; por exemplo, um relacionamento ou um emprego que percebemos como um fracasso. Esse momento de despedida deve ser vivenciado e lamentado conscientemente.

Nós não somos pregados à cruz, mas talvez conheçamos a situação de sermos expostos ou desprezados, de sofrermos por nos sentirmos incompreendidos. Quando os sonhos, planos e objetivos que tínhamos para a nossa vida são destruídos, ficamos tão desesperados quanto Jesus na cruz. Ele clama ao Pai: "Meu Deus, por que me abandonaste?" Ao mesmo tempo, promete ao bandido crucificado à sua direita que ainda naquele dia estariam juntos no Reino dos Céus. Ambos estão presentes: o sentimento de abandono e a percepção da proximidade de Deus.

Talvez você também conheça essa experiência ambivalente: quando já não há como cair mais fundo e as coisas não têm como piorar, ficamos desesperados e nos perguntamos onde Deus está naquilo tudo. Porém, percebemos às vezes que, a partir desse ponto, algo totalmente novo pode acontecer. Se numa situação dessas permanecermos em contato com Deus, podemos nos entregar conscientemente a Ele. Algo morre, sim, trazendo dores profundas, mas essa morte é um soltar-se para cair em algo maior.

Quanto mais envelhecemos, mais precisamos soltar. É preciso aprender e exercitar isso. Pessoas que dominam essa arte costumam irradiar liberdade e independência interior. E, também no fim da vida, elas têm mais facilidade de soltá-la e morrer. Angelus Silesius, um teólogo do século XVII, expressa este fato da seguinte maneira: "Quem não morrer antes de morrer putrefará quando morrer".

> **Meditação para a terceira estação: estou desesperado, mas cheio de confiança**
>
> A vida terrena de Jesus chegou ao fim. A luta com a morte acabou. Jesus passa para um outro mundo. Ele segue o caminho que todos nós seguiremos.
>
> *
>
> *Estou diante da cruz e penso em todo o sofrimento deste mundo e da minha vida, em todas as dores e lágrimas, em toda a maldade e indiferença, em vítimas e agressores... Tudo se resume no grito da morte de Jesus. E eu acredito no poder do amor de Deus, que é capaz de curar tudo.*

Quarta estação: O túmulo vazio; a ressurreição

O que aconteceu no túmulo de Jesus? Como ocorreu a ressurreição? Ainda hoje, isso é um mistério, algo inexplicável – pelo menos para as nossas faculdades intelectuais. No entanto, há indícios e interpretações novas que nos aproximam desse evento. A seguir, passamos a expor os nossos próprios pensamentos sobre a ressurreição.

O túmulo está vazio. O corpo do Jesus falecido não está mais ali. O que Maria Madalena e, depois dela, os outros discípulos e discípulas encontram é o pano que havia sido usado para envolver o corpo de Cristo na Sexta-feira Santa, e também dois anjos. De resto, o túmulo está vazio.

A pergunta que acompanha a humanidade há dois milênios é: Por que o túmulo está vazio? Onde está o corpo de Jesus de Nazaré? A partir disso questionamos: O que teria acontecido se o corpo de Jesus tivesse saído do túmulo na frente dos discípulos? Sem feridas, sem dor? Provavelmente, as testemunhas oculares desse evento teriam dito: "As coisas não foram tão ruins assim". Elas teriam duvidado da morte de Jesus, e nenhuma transformação teria acontecido.

O túmulo, porém, está vazio. A princípio, isso assusta as discípulas e os discípulos, pois percebem que aconteceu algo inesperado, surpreendente, que não pode ser explicado. Por isso, saem dali às pressas. Depois, porém, algo os chama de volta e eles descobrem que o vazio do túmulo não é tão vazio assim. Há mais alguma coisa ali, algo que eles não conseguem enxergar, mas que está presente e é real.

No Evangelho de João lemos que o "jardineiro" se aproxima de Maria, e ela não o reconhece. Hoje, a pesquisa neotestamentária chegou ao consenso de que essa passagem é uma expressão da teologia da criação; ou seja, a ressurreição de Jesus e a criação do ser humano no paraíso do Éden estão intimamente vinculadas. Ambos os episódios revelam que a criação ainda não está encerrada, ela continua. Nesse sentido, o grande teólogo Santo Agostinho cunhou a expressão *creatio continua*. Será que a ressurreição de Jesus nos diz que o ser humano se encontra numa nova fase de desenvolvimento? Esse fato se revela especialmente na forma como lidamos com profundos ferimentos espirituais?

Ressurreição significa que a morte não é o fim de tudo. Experiências de ressurreição ocorrem, porém, ainda nesta vida. Neste sentido, ressurreição significa que a vida continua de forma totalmente nova, de maneira incomparavelmente diferente; que a aflição, o sofrimento e o desespero não têm a última palavra. Muitas vezes ficamos maravilhados diante dos caminhos que a vida segue; pessoas relatam que elas só entenderam verdadeiramente quem realmente são após terem passado por uma crise profunda. Só depois perceberam do que realmente necessitam, quais rumos querem seguir a partir do acontecimento. As biografias reveladoras de coisas incomuns e incríveis – ou seja, fatos que estão fora do alcance da nossa imaginação – fascinam porque nos fazem perceber a existência de muitas coisas que não podemos contornar; elas simplesmente acontecem. Muitas pessoas encontram o grande amor após um casamento fracassado e o divórcio; outras se surpreendem quando descobrem que conseguem se apaixonar novamente após a morte do cônjuge amado. Há quem perca o emprego e tem a coragem de experimentar algo novo, descobrindo que essa nova atividade as satisfaz muito mais.

É interessante que Jesus não ressuscitou imediatamente após a sua morte, mas apenas no terceiro dia. Houve uma fase de espera, de perseverança; um tempo em que nada podia ser feito, de "aceitação" do ocorrido. Isso é importante, pois também necessitamos desse tempo. Queremos melhorar imediatamente, que o nosso sofrimento se transforme prontamente e que tudo fique bem de novo. Mas precisamos de um tempo de processamento, talvez porque sem ele não aprenderíamos nada com o ocorrido. Normalmente, cura precisa de tempo; curas espontâneas são a exceção. A ressurreição se evidencia quando os sentimentos negativos de luto e dor se transformam imperceptivelmente e passamos a sentir, de vez em quando, a alegria da vida. Temos uma sensação boa quando, após um ferimento físico ou uma doença, a dor diminui e a cura se torna visível e perceptível. Da mesma forma, a dor pode diminuir também no nível psíquico e podemos até sentir energia e vontade de começar algo novo, de nos levantar! Quando superamos bem uma doença, nós nos sentimos fortalecidos e preparados. Muitas vezes temos esta sensação: eu não sou mais aquele que era antes; dentro de mim, algo mudou. Deus nos promete que ganharemos a nossa vida quando temos a sensação de que a perdemos. Experiências de perda, morte e derrotas podem nos levar a uma nova plenitude de vida. Confiando nessa promessa de Deus podemos aprender a aceitar os reveses da vida com todos os seus altos e baixos. A ressurreição de Jesus nos dá a esperança necessária para isso; ela nos encoraja a desenvolver uma nova consciência, a pensar de forma mais ampla e maior, a aplicar a mensagem do Mestre.

Richard Rohr costuma descrever Jesus como um *non dual thinker*; ou seja, como um mestre da sabedoria que não pensa em categorias de preto e branco; que não diz: isso está certo e aquilo está errado. Uma de suas declarações mais brilhantes é esta: "Amai vossos inimigos!" Podemos entender que devemos amar aos nossos amigos, as pessoas que fazem parte da nossa família. Mas aos nossos inimigos?

É evidente que Jesus era capaz disso, e o seu pensamento não dual talvez seja a sua mensagem mais importante. Depois de sua morte na cruz e de sua ressurreição, seus companheiros de luta mais próximos e, mais tarde, todas as pessoas perceberam que amar a seus inimigos é uma chave para o Reino dos Céus. Até hoje essa afirmação nos desafia. Os inimigos são as forças que nos machucam, os responsáveis pelo fracasso de um relacionamento, que destroem o nosso corpo, semeiam ódio e conflito entre nós e as outras pessoas. Como posso amar a esses inimigos? Uma possibilidade parece ser a meditação. Entrar no silêncio, não fazer nada. Por que tantas pessoas meditam hoje em dia, ficam sentadas em silêncio, participam de seminários de meditação? Talvez elas sintam o mesmo que sentiram os discípulos e discípulas quando entraram no túmulo de Jesus: o silêncio não é silencioso, o vazio não é vazio? Há algumas décadas, quando começamos a participar de seminários de silêncio, nós estranhamos esta prática. Não sabíamos como nos comunicar sem palavras. Mas percebemos rapidamente que o silêncio desdobra uma força totalmente diferente, que ele volta a atenção para dentro. Às vezes acontece algo muito especial.

Durante uma visita a Israel eu tive a oportunidade de entrar no Santo Sepulcro em Jerusalém, pouco antes do horário de fechamento. O prédio é um conglomerado de pequenas capelas e grotas de oração. Bem no fundo se encontra o lugar que a tradição identifica como o túmulo de Jesus. Eu entrei na grota, sozinho, sem outros visitantes ou guardas. Evidentemente, eu era o último que tinha conseguido entrar. Esses cinco minutos que pude meditar ali em silêncio me tocaram profundamente. De repente, fui tomado por uma sensação de êxtase. Ouvi uma voz que me dizia: Tudo ficará bem. Quando subi e voltei para a confusão da cidade histórica de Jerusalém, eu me lembrei da nossa professora de meditação, Swaantje Reimpell.

Durante a era nazista, e sendo de descendência judaica, ela sempre corria perigo de ser presa. Ela nos contou que só conseguiu sobreviver com a ajuda da meditação, seguindo o "caminho da alegria interior", sem pensamentos de vingança, raiva, retaliação. Estes pensamentos negativos não trazem cura, mas abrem feridas. Porém, quando aprendemos a amar aos nossos inimigos...

Eu estava muito feliz quando voltamos para o nosso hotel em Jerusalém naquela noite, pois havia sentido algo da mensagem alegre e clara que, nos muitos conflitos e catástrofes deste tempo, nos ajuda a tomar os passos corretos e bons. Se existe uma mensagem capaz de resolver a situação política difícil em Israel e na Palestina, essa mensagem são as palavras de Jesus: "Amai a vossos inimigos!"

Meditação para a quarta estação: eu me levanto; o fim é meu início

O túmulo está vazio. Os discípulos e discípulas estão confusos. Jesus está morto ou não? Um anjo aparece e exclama: "Ele não está aqui mas ressuscitou, como vos disse".

*

Penso nas experiências ruins, quando senti: a vida continua, algo novo virá, nem tudo está morto.
Primavera,
Vivacidade,
Novo começo,
Cura...

Uma das músicas mais bonitas que falam da ressurreição foi composta pelo berlinense Rio Reiser:

Land in Sicht

Land in Sicht, singt der Wind in mein Herz.
Die lange Reise ist vorbei.
Morgenlicht weckt meine Seele auf.
Ich lebe wieder und bin frei.

Und die Tränen von gestern wird die Sonne trocknen,
die Spuren der Verzweiflung wird der Wind verweh'n.
Die durstigen Lippen wird der Regen trösten
und die längst verlor'n Geglaubten
werden von den Toten aufersteh'n.

Ich seh die Wälder meiner Sehnsucht,
den weiten sonnengelben Strand.
Der Himmel leuchtet wie Unendlichkeit,
die bösen Träume sind verbannt.

Und die Tränen von gestern wird die Sonne trocknen,
die Spuren der Verzweiflung wird der Wind verweh'n.
Die durstigen Lippen wird der Regen trösten
und die längst verlor'n Geglaubten
werden von den Toten aufersteh'n.

Reproduzido com a permissão do Rio Reiser Archiv, Berlim.

*

Terra à vista
Terra à vista, canta o vento no meu coração.
A longa viagem chegou ao fim.
A luz da manhã desperta a minha alma.
Volto a viver e estou livre.

O sol secará as lágrimas de ontem.
O vento apagará os rastros do desespero.
A chuva confortará os lábios sedentos.
Aqueles que acreditávamos ter perdido
Ressuscitarão dos mortos.

Vejo as florestas do meu anseio,
A longa praia amarela.
O céu brilha como a eternidade,
Os sonhos maus estão banidos.

O sol secará as lágrimas de ontem.
O vento apagará os rastros do desespero.
A chuva confortará os lábios sedentos.
Aqueles que acreditávamos ter perdido
Ressuscitarão dos mortos.

Por que, então, a *via crucis* de Jesus pode ajudar na superação dos meus ferimentos? Porque esse caminho retrata os altos e baixos da minha vida, de tal forma que eu consigo me reconhecer nele; porque posso saber que alguém compreende meus ferimentos emocionais mais profundos, e milhões de pessoas já trilharam esse caminho antes de mim; porque Jesus descobre fontes de força interiores que podem me ajudar e porque, no fim, não é o nada que me espera, mas o grande amor como força que mantém o universo.

No final deste capítulo queremos encorajar você a fazer um pequeno exercício para descobrir a força da transformação da *via crucis*.

Exercício

- Contemple as estações individuais como espelho de sua própria situação.
- Faça isso durante todo o tempo necessário.
- Permita que os textos desdobrem seu efeito em você.
- Qual a estação que o toca mais profundamente?
- Onde você se reconhece?
- Anote seus pensamentos.
- Procure aquilo que o encoraja e lhe dá forças para seguir adiante em sua *via crucis*.

Minhas fontes de força interiores

A seguir, apresentamos as fontes de força que, segundo nossa experiência, podem ajudar a aliviar sentimentos dolorosos ou para aceitar e suportar ferimentos inevitáveis.

Aspectos curadores de uma conversa franca

"Dor compartilhada é meia dor", diz um antigo provérbio popular. Acredito que todos já fizeram essa experiência e sentiram como faz bem se comunicar. Quando eu me comunico, eu entrego algo. Pensamentos e sentimentos pesados não ficam só comigo, outra pessoa ajuda a carregá-los; não estou sozinho com eles. Esse tipo de conversa é benéfico quando outra pessoa – na maioria das vezes, próxima – é amiga, está disposta a se abrir para mim, a me ouvir com toda a sua atenção e dialogar comigo. Nesse tipo de conversa vivencio empatia e atenção, que são aspectos do amor. Esse amor me dá a força interior para suportar melhor os sentimentos dolorosos.

Quando falo dos meus problemas, isso encoraja o meu interlocutor a também falar de seus ferimentos. É muito reconfortante saber que todos nós carregamos um fardo;

às vezes maior, às vezes menor. Como é bom se apoiar mutuamente e estar presente na vida do outro.

Muitas vezes, meus ferimentos se relativizam na conversa com o outro quando descubro que ele também sofre. Então meu ferimento diminui um pouco ou eu consigo aceitá-lo melhor. Existem pessoas que estão sempre "bem", que só têm sucessos a relatar e que nunca falam sobre fraquezas e ferimentos, passando-nos a impressão de que são incrivelmente sortudas porque foram poupadas de todas as dificuldades. Admiramos essas pessoas; às vezes, até as invejamos. No entanto, nunca nos sentimos realmente próximos delas. É bom e saudável ter a oportunidade de falar sobre ferimentos de forma aberta e sincera.

Existem, porém, pessoas que não param de falar de seus problemas e ferimentos. O ouvinte se sente esmagado, e muitos se retiram e recusam dialogar com elas. Nos cursos de comunicação, fala-se em papéis de ouvinte e orador. Uma boa conversa é caracterizada pelo revezamento desses papéis. Devo desenvolver sensibilidade para o tempo em que devo permanecer em cada papel. Às vezes, aconselhamos que a duração de uma conversa seja determinada com antecedência, pois boas conversas podem nos transformar positivamente. Neste contexto, gosto de usar a expressão "espaço relacional". Uma conversa benevolente gera um espaço no qual algo pode acontecer, ser transformado. Através de comunicação verbal e não verbal algo novo pode nascer; uma palavra, um gesto e um sorriso podem ser especialmente comoventes e desdobrarem uma força positiva e libertadora. Novos impulsos podem promover a coragem de aceitar determinada situação.

Nos nossos cursos vemos com frequência que as pessoas conseguem se abrir mais quando seu interlocutor não pertence ao círculo de amigos próximo, mas contempla a situação de uma posição neutra, como que de fora. Aparentemente, isso permite falar de forma mais solta, menos contida, e nosso interlocutor (numa conversa a dois ou num grupo pequeno) pode reagir sem preconceitos ao que ouve.

Sugerimos, então, que você busque conversas que se encontrem fora da rede relacional familiar. Pode ser com uma pessoa (conselheiro, terapeuta) ou em um círculo de conversas com atmosfera que valorize e tenha empatia por todos os participantes. Em quase todas as cidades da Alemanha, por exemplo, existem grupos em que é possível conversar sobre os problemas de acordo com o princípio da comunicação não violenta. Encontros desse tipo também podem ser encontrados em instituições como a Igreja. O objetivo é vivenciar o aspecto curador da comunicação e se sentir fortalecido, consolado e valorizado.

Se eu não conseguir encontrar um interlocutor, posso também escrever aquilo que desejo dizer. O mero ato de escrever – talvez na forma de uma carta, a um amigo imaginário ou também a Deus – pode trazer clareza. Muitas vezes, durante a redação, fazemos descobertas que não teríamos feito pela reflexão mental. Quando nos expressamos, também nos conscientizamos. Aquilo que comove o nosso íntimo é entregue às palavras, e isso pode ter um efeito aliviador. Assim, o escrever também é uma forma de comunicação que pode ser curadora.

Exercício

Ainda que você não goste de escrever, tente mesmo assim! Encare como um experimento com a chance de fazer uma experiência valiosa.

Decida primeiro a quem você gostaria de escrever: a um amigo imaginário, a uma amiga ou a uma pessoa anônima? Talvez, ao seu anjo da guarda ou diretamente a Deus. Você também pode optar em escrever para si mesmo, como acontece quando mantém um diário. A opção pode ser escrevendo cartas. Assim, poderão ser usadas folhas soltas que, datadas, poderão ser colocadas em envelopes e guardadas numa linda caixa. Ou talvez prefira usar um caderno ou mesmo folhas soltas para serem queimadas ou destruídas. Sinta qual é a melhor opção para você! Evidentemente, você também poderá salvar suas cartas em arquivos, inserindo-as em pasta especial.

Pergunte-se também onde desejaria estar enquanto escreve sua carta. A atmosfera criada ao escrever também é importante. Você deveria se sentir bem, não ser perturbado, e ter tempo.

Se escrever durante um período maior, poderá ler e rever o que escreveu nos meses anteriores. Você reconhece em si algum desenvolvimento, algum *fio da meada*? Enquanto escrevia, você aprendeu algo, descobriu algo, resolveu um problema? Não se pressione esperando escrever algo "que faça sentido". O valor deste exercício está no ato de escrever, na expressão de sentimentos e processos interiores. Ao escrever, você entra em contato consigo mesmo, aproxima de si mesmo. É este o objetivo desse exercício. Se, como "efeito colateral", você fizer descobertas importantes, melhor ainda!

Eu mesma (U.P.-F.) escrevo diariamente no meu diário e faço isso há muitos anos; os cadernos estão se acumulando no armário. Quando escrevo, as coisas se organizam de forma benéfica dentro de mim. Se eu acredito que, dentro de mim, existe um núcleo divino, então existe também uma sabedoria, uma voz interior que tem as respostas para as minhas perguntas. Essa voz interior é silenciosa, eu preciso ficar em silêncio para ouvi-la. Num lugar tranquilo – eu tenho minhas cafeterias preferidas – essa voz se manifesta e se torna legível no papel. Assim, vivencio a escrita como uma experiência curadora.

O perdão como fonte de força

Os ferimentos mais profundos são os relacionais. Somos magoados, decepcionados, sentimo-nos menosprezados ou negligenciados pelo outro. Ele provocou o ferimento e, aos nossos olhos, é aquele que causou nossos sentimentos negativos. É difícil perdoar em situações desse tipo, e isso só pode ocorrer ao final de um processo de confrontação com o ferimento. No entanto, este último passo é importante para reassumir nossa própria força. Enquanto o sentimento de ter sido ferido me domina e eu permaneço numa postura acusadora e irreconciliável, mantendo-me preso e amarrado à pessoa que me feriu.

Como, então, o perdão se torna possível? Em primeiro lugar, perdão não significa negar meus sentimentos feridos. Eles são uma realidade e, portanto, verdadeiros. Também não se trata de aprovar o comportamento do outro; pois, aos meus olhos, esse comportamento foi o que me feriu. O importante é uma mudança em minha postura em relação ao ocorrido, pois, como afirma Viktor Frankl, "Existir como ser humano significa sempre ter a opção de ser diferente!"

O perdão só pode ocorrer, só pode ser verdadeiro e sincero se eu tratar o outro como um igual. Enquanto a minha consciência me disser que eu sou superior e que ele é mau por causa de seu comportamento – e por isso, inferior –, existirá diferença relacional. A precondição para o perdão é a superação dessa diferença. É preciso reconhecer que nós, como seres humanos, somos capazes de tudo sob determinadas circunstâncias; ou seja, eu também! Isso significa que todos nós dependemos de perdão, constantemente. Se sempre acrescentarmos à nossa contabilidade os erros que as pessoas cometem, seus fracassos e suas fraquezas, e as ferirmos por isso, desencadearemos uma atmosfera rígida e impiedosa, marcada pelo medo.

Em nossa opinião, o perdão apresenta quatro perspectivas. Vale a pena contemplá-las: eu perdoo a mim mesmo; eu perdoo ao outro; o outro me perdoa; eu peço perdão a Deus.

Eu perdoo a mim mesmo

Em primeiro lugar é preciso entender por que é tão importante perdoar a si mesmo. Muitas vezes não conseguimos perdoar aos *outros* porque não conseguimos perdoar a nós mesmos. Nós ferimos alguém ou cometemos algum erro e não conseguimos superar o fato. Por isso, devemos perguntar a nós mesmos: Como eu me vejo? Existe um *crítico interior* que me trata com impiedade? Quando somos duros e rígidos conosco mesmos, isso pode ser muito tortuoso e destrutivo, principalmente quando um erro não pode ser corrigido. Uma mãe, por exemplo, reconhece que, quando seu filho ainda era criança, ela não lhe deu a atenção necessária porque precisava trabalhar e teve que entregá-lo aos cuidados de outros. O filho, já adulto, acusa a mãe por ter sofrido com a falta de amor e por sentir as consequências disso ainda hoje. A mãe não consegue voltar no tempo, não tem uma segunda chance, pois o filho já é adulto. Ela sofre porque não consegue perdoar seus erros do passado.

Existe ainda outra forma de não conseguir perdoar a si mesmo: *eu* sou ferido e intensifico esse ferimento menosprezando a mim mesmo e defendendo o agressor. Um exemplo: alguém termina o relacionamento sem qualquer explicação. Estou ferido e minimizo o comportamento do outro, dizendo a mim mesmo: "Eu não mereci outra coisa, eu não mereço que alguém permaneça num relacionamento comigo. Não sou atraente, interessante nem possuo alguma coisa boa. Eu deveria ter me esforçado mais no relacionamento para ser amado!" Em ambos os exemplos, revelo dureza e rigidez em relação a mim mesmo, juntamente com falta de autoestima.

Como se desenvolve uma postura tão rígida em relação a si mesmo? O que ajuda é refletir sobre suas próprias crenças; isto é, perguntar a si mesmo: "Quais valores aprendi em casa?" O que era importante?" "Quais as convicções que me foram transmitidas na infância?"

Os especialistas chamam a isso de "lema da família". Este se refere a uma afirmação que, expressada ou não, poderia estar escrita acima da porta de entrada da casa. Quando, por exemplo, o lema da família é: "Nada vem do nada", isso significa: a vida não lhe dará nada de graça; a vida é exaustiva. O lema da família me diz que eu sou responsável por tudo. Significa também que devo ser duro ao julgar a mim mesmo quando algo ruim acontece. Se eu tivesse prestado atenção e me esforçado mais, os erros não teriam acontecido. Em relação ao tema do perdão, isso significa: quando machuquei alguém e vejo isso como minha própria culpa, é difícil perdoar a mim mesmo. É possível até que eu sofra mais do que a pessoa que machuquei. Muitas vezes, a rigidez vem acompanhada de um forte senso de justiça. Nesse caso, é ainda mais difícil perdoar a nós mesmos, porque acreditamos ter que pagar por nossos erros e fraquezas.

Exercício

Volte para a sua infância. Qual era o lema da sua família? Qual é a afirmação que sua família poderia ter escrito na porta de entrada da sua casa? É uma afirmação difícil, que dificulta o perdão, ou é uma afirmação positiva, encorajadora, que abre espaço para ele?
O objetivo não é avaliar essas afirmações, mas entender as consequências que elas causaram em sua vida. Existiam e existem boas razões para um lema da família. Nossos pais e avós foram marcados por seu tempo. No pós-guerra, por exemplo, foi preciso construir, trabalhar, mostrar desempenho. Por isso, eles criaram crenças e convicções que, muitas vezes, são caracterizadas pela rigidez. Isso é compreensível. Nós, porém, temos a liberdade de interiorizar outras crenças; podemos nos despedir de convicções antigas. Isto é difícil, pois essas cunhagens da infância costumam ser profundas. Mesmo assim, é possível! É bom contrapor algo a elas, encontrar um novo lema, uma nova máxima que seja significativa.

- Formule uma afirmação marcante, uma diretriz para a sua vida.
- O que é importante para você?

- Quais são os valores que você deseja viver?
- O que você gostaria de ofertar aos seus filhos, algo que os acompanhará em seu caminho?

Quando desenvolvemos um lema para a nossa vida e o interiorizamos, isso nos fortalece e permite um convívio misericordioso conosco mesmos; nós assumimos a responsabilidade por nossas ações. Isso também nos ajuda a perdoar a nós mesmos. Podemos cometer erros! Quando machucamos alguém, nós nos arrependemos; mas, sabendo que não precisamos ser perfeitos, conseguimos perdoar a nós mesmos. Tentamos fazer o melhor da situação e aprender algo com ela.

Para retomar o exemplo que citamos acima: a mãe que não teve tempo para o seu filho pode perdoar a si mesma. Agora, ela reconhece o valor de ter tempo para outras pessoas e o doa àquelas que precisam de sua atenção e de seu carinho.

Eu perdoo ao outro

Quando conseguimos perdoar a nós mesmos fica mais fácil também perdoar aos outros, pois estamos cientes de como é importante ser misericordioso, de que a capacidade de perdoar torna a vida mais humana e é de importância vital. O perdão nos liberta porque podemos voltar a olhar para a frente – a vida continua. A energia que esteve presa em luto e raiva pode ser aproveitada para novas tarefas.

O perdão se torna mais fácil quando entendemos o contexto que levou ao ferimento. É disto que trata este livro. Mas também quando não conseguimos entender tudo, quando os contextos permanecem confusos, podemos decidir pelo perdão e pôr um ponto-final. Temos a liberdade de fazer isso.

Talvez seja aqui que se esconda a verdadeira grandeza do perdão: mesmo que não entendamos os contextos, podemos perdoar a partir de um coração amplo e aberto. Quando tomamos a decisão de perdoar nós passamos a moldar a situação, não permanecendo no papel de vítima.

É claro que tudo isso fica mais fácil quando o outro se arrepende daquilo que fez; mas, mesmo que isso não aconteça, nós podemos decidir que não queremos continuar a carregar esse peso. Quando perdoamos, fazemos um bem a nós mesmos, independentemente da reação do outro. No exemplo citado acima, o filho pode decidir perdoar à mãe. Quando ele se liberta das acusações que faz à mãe, cria um espaço e uma energia para se concentrar naquilo que precisa ser feito no presente e que exige a sua atenção. Ele não se sente mais como vítima, mas assume responsabilidade por sua vida.

O outro me perdoa

Perdão é um presente que não podemos exigir. Mas quando somos presenteados dessa maneira, isso nos liberta internamente e gera gratidão em nós. Deixamos de nos sentir pequenos e culpados e vivenciamos algo que é muito precioso para os relacionamentos: somos aceitos com todos os nossos erros e fraquezas.

No exemplo que mencionamos acima, a mãe se veria livre das acusações do filho e poderia moldar o relacionamento de forma nova e atenciosa.

Eu peço perdão a Deus

É possível que tenhamos sido feridos tão profundamente que não conseguimos perdoar ao outro. Quando a amargura, a raiva ou a tristeza forem muito grandes podemos pedir perdão a Deus por ainda não estarmos prontos para perdoar. Podemos tentar entregar a Deus o ferimento que sofremos (cf. p. 49, *Delegação*). Podemos pedir perdão a Ele por todo o sofrimento que causamos uns aos outros, quando ferimos e somos feridos, semeando conflitos.

Quando nos sentimos culpados, pedimos que Deus perdoe essa culpa. Muitas vezes, somos mais duros conosco mesmos do que Deus. Quando nos arrependemos profundamente de algo podemos ter a certeza de que fomos perdoados e que fomos libertos da culpa que nos esmaga e paralisa. Deus é um Deus do amor e da misericórdia. Quando acreditamos nisso podemos beber da fonte de força interior. Podemos nos reorientar e dar passos conscientes; agora talvez com uma postura atenciosa.

O que diz a Bíblia

No Novo Testamento encontramos histórias e parábolas que tratam do perdão. Essa parece ser *a* grande mensagem de Deus: perdoar sempre de novo! Quando Jesus ora na cruz: "Pai, perdoa-lhes porque não sabem o que fazem", entendemos que isso é um tema central de sua mensagem.

Jesus nos mostra uma maneira muito especial de lidar com pessoas que se tornaram culpadas. Na história da adúltera que lhe é apresentada, Ele diz aos acusadores: "Aquele de vós que estiver sem pecado atire-lhe a primeira pedra". Todos vão embora. Então Ele diz à mulher: "Vai, e de agora em diante não peques". Jesus não ignora o erro cometido pela mulher, mas em vez de julgá-la, Ele a motiva a mudar seu comportamento (Jo 8,7-11). Uma história muito conhecida e citada é a Parábola do Filho Pródigo ou, como também podemos chamá-la: a História do Pai Misericordioso. O filho caçula sai de casa, gasta sua herança e, arrependido, volta para casa. O pai faz uma festa, alegrando-se com a volta do filho. Ele perdoa ao filho, e este aceita o perdão. Isso realmente é motivo de festa! Mas nessa história também está o filho mais velho, que não perdoa, que acha uma injustiça dar tanta atenção ao filho que retornou. Ele se sente menosprezado e ferido. Vemos aqui que o ferimento envolve não só as pessoas diretamente afetadas; todo o ambiente reage. Vivenciamos isso também no nosso dia a dia. Quando perdoamos ou somos perdoados, isso tem efeitos sobre todo o sistema relacional. No exemplo citado anteriormente, isso poderia se manifestar desta forma: quando o filho perdoa à mãe, talvez a irmã, que também tinha acusado a mãe, sinta-se traída pelo irmão. O antigo aliado a abandona. Isso mostra que o perdão pode ser algo complexo e de longo alcance.

Na oração que Jesus nos ensinou, o Pai-nosso, a importância do perdão é ressaltada: "Perdoai as nossas ofensas, assim como nós perdoamos a quem que nos tem ofendido". Nós dependemos do perdão. Isso parece ser tão importante quanto a petição pelo pão de cada dia, à qual o pedido de perdão segue imediatamente.

Por último, citamos a história na qual Jesus nos mostra como a nossa percepção costuma ser distorcida. Ele nos encoraja a não julgar, porque corremos o risco de não ver a trave no nosso próprio olho, mas ver o cisco no olho do outro (Mt 7,1-5). Muitas vezes, mal percebemos nossos próprios erros, mas damos valor excessivo às pequenas falhas do outro.

Quando reconhecemos que a nossa percepção não é objetiva, que todos os seres humanos possuem pontos cegos, devemos questionar os nossos julgamentos antecipados e a nossa hipocrisia. Quando, além disso, nos conscientizamos de que falhas e fraquezas fazem parte da existência humana e que nenhum de nós é exceção, damos um passo decisivo em direção à liberdade que o perdão nos traz.

Talvez o perdão seja tão importante porque ele permite que algo novo se desenvolva, porque não permanecemos presos e emaranhados em nossos ferimentos e porque por meio dele podemos lidar com a nossa vida num nível mais maduro e consciente. Jesus nos promete: "O Reino de Deus está dentro de vós". Ele não nos consola com um além, quando tudo finalmente ficará bem, toda a culpa será resolvida. Para que isso possa se tornar realidade aqui e agora precisamos perdoar constantemente.

Símbolos bíblicos da transformação

"Uma imagem diz mais do que mil palavras!" Isso realmente é verdade. Imagens podem falar diretamente com a nossa alma, e aquilo que esta sente ao contemplar uma imagem pode ser tão abrangente que precisaríamos de muitas palavras para descrevê-lo.

Visto que as imagens têm um efeito tão forte, o trabalho com elas é importantíssimo. Elas têm um efeito especialmente profundo quando apresentam um caráter simbólico, quando se dirigem a algo em nosso inconsciente. Símbolos nos conscientizam de algo e são, portanto, o vínculo entre consciente e inconsciente. É interessante como cada imagem pode se transformar em símbolo; tudo depende apenas daquele que a contempla.

Uma imagem com nuvens negras e carregadas, por exemplo, pode ser apenas um indício de tempo ruim para um; mas, para outro, pode ser o gatilho que provoca desânimo, porque a nuvem simboliza as coisas escuras de sua vida. Para um, a imagem do nascer do sol pode ser simplesmente linda por causa da intensidade da luz e das cores; um outro reconhece nela a grandeza de Deus, que se reflete na criação.

> ## Um pequeno exercício
>
> Passe um tempo contemplando uma de suas imagens favoritas. Provavelmente, você admira as cores, as formas e as proporções. Certamente, para você, a imagem também tem uma mensagem mais profunda: sente que está sendo tocado por algo que talvez seja difícil expressar com palavras; a imagem aciona algo e fala com você porque dentro de si há ressonância.
> O que é isso? Você pode nomeá-lo?

É interessante que imagens reais – por exemplo, o nascer do sol mencionado acima – e imagens desenhadas em papel provoquem as mesmas sensações no cérebro. E até mesmo uma imagem que eu imagino produz o mesmo efeito. Imagens positivas estimulam os neurônios que geram uma sensação de bem-estar, imagens negativas fazem o contrário. Um exemplo pessoal: sempre que preciso reservar um quarto de hotel, insisto para que seja no último andar. É apenas do alto que – quando a região propicia – tenho uma vista desimpedida do mar e do horizonte, onde céu e água se tocam. Eu já me perguntei várias vezes por que isso é tão importante para mim. Quando estou sentado na varanda e desfruto dessa vista, surge em mim uma sensação de vastidão, infinitude e eternidade; uma consciência de que "tudo está em seu devido lugar", num sentido positivo, que tudo está nas mãos de Deus. Essa imagem me acalma, traz paz interior. Eu me sinto ótimo quando estou sentado ali e absorvo essa imagem.

"Os olhos são a porta para a alma", diz um provérbio. Presenteie seus olhos com imagens que tocam a sua alma e que lhe deem força, apoio, consolo ou alegria, aquilo que lhe faz bem. Na Bíblia há uma abundância de imagens que tocam a nossa alma e que guardam um forte caráter simbólico. É importante lembrar que essas imagens podem ter uma mensagem; algo que pode ser difícil de ser expressado em palavras. A imagem evoca algo dentro de você, comunica-se com você, porque encontra ressonância em seu interior. Algo que, diferentemente de palavras, é mais penetrante e tem um efeito duradouro. Palavras são esquecidas rapidamente, imagens não.

O que é isso? Você consegue identificar e expressar o que sente?

É importante mencionar que nem todas as imagens ou símbolos dizem algo a todos. É preciso descobrir qual é a imagem, qual é o símbolo que toca você? Nós sugerimos quatro símbolos:

Cruz | Estrela | Anjos | Maria

Acredito que, ao ler essas quatro palavras, você viu alguma imagem em seu interior. Pergunte-se agora qual é a imagem ou símbolo que mais lhe agrada. Qual imagem lhe faria bem, lhe daria força, conforto ou apoio no caso de algum ferimento? Você pode fechar os olhos e contemplar essa imagem mais uma vez em seu interior e descobrir o que associa a ela; por que ela lhe faz bem, qual é a sensação positiva que ela evoca.

- O que o símbolo, a imagem, representa?
- Como ele/a lhe ajuda na sua situação atual?

A seguir oferecemos algumas ideias para você se ocupar de forma mais intensa com esses símbolos. Talvez isso lhe ajude a descobrir por que você os escolheu. Qual é a força transformadora que eles contêm? Como você pode usar esses símbolos?

Cruz

Para muitas pessoas, a cruz é o símbolo *par excellence* do cristianismo. Há quem sinta repulsa, porque lembra dor e sofrimento. Outros gostam da cruz porque, ao contemplá-la, sentem-se intimamente ligados à pessoa de Jesus e sua vida.

A cruz reta, com todos os braços do mesmo tamanho, é bem mais antiga do que o símbolo cristão e representa em muitas tradições a criação, os quatro pontos cardeais e os quatro elementos (terra, fogo, água e ar). A linha vertical da cruz representa a conexão entre céu e terra. A linha horizontal representa todas as conexões e todos os laços nesta terra.

A cruz do cristianismo costuma ser representada com uma linha vertical mais longa. Existe a cruz com e sem corpo; isto é, a representação do corpo crucificado de Jesus. Também há cruzes muito interessantes, nas quais é possível ver, de um lado, um Jesus sofredor, e, do outro, o Cristo ressuscitado com braços erguidos. Aqui se expressa diretamente a mensagem de que a morte não tem a última palavra.

Segundo Richard Rohr, a cruz representa a união de todos os opostos: Jesus é Deus e homem ao mesmo tempo. A cruz nos encoraja a permitir e a suportar contradições. Ela é um símbolo de morte, de perda e de sofrimento. Ao mesmo tempo, porém, também representa a superação de tudo isso. Assim, a Páscoa significa que a morte foi vencida.

Muitas passagens da Bíblia falam da morte, de perder e achar, de despedida e novo começo. E é nessa mesma dinâmica que nós vivemos a nossa vida.

Além disso, a cruz representa apoio e força; pense em todas as cruzes à nossa volta que sustentam o teto e as janelas, por exemplo. Nós mesmos formamos uma cruz quando nos colocamos de pé e estendemos os braços.

Existem pequenas cruzes de madeira que permitem sentir a força da cruz de forma bastante prática. Seu tamanho permite segurá-las na palma da mão. Os dedos se dobram em torno das traves, de modo que conseguimos nos *segurar* nelas.

A cruz com todas as suas possíveis interpretações pode ser um símbolo da transformação do sofrimento e do ferimento; lágrimas podem se transformar em pérolas!

Estrela

Estrelas e constelações servem para a orientação. A Estrela de Belém conduziu os três magos do Oriente até a manjedoura (Mt 2,1-2). Estrelas significam luz na escuridão. Elas iluminam. Na mística cristã, a luz exerce um papel importante. Jesus disse: "Eu sou a luz do mundo. Quem me segue não andará nas trevas, mas terá a luz da vida" (Jo 8,12). O Cristo ressurreto é descrito e representado como luz. A Bíblia diz que nós mesmos somos a luz do mundo e que não devemos colocar nossa luz debaixo de uma vasilha (Mt 5,14-15). Cada pessoa irradia algo. A luz clareia a escuridão e, por isso, é um símbolo da transformação.

As estrelas nos conscientizam da grandeza do universo. Quando olhamos para o céu estrelado ficamos maravilhados diante da vastidão infinita. Em vista dessa grandeza, a nossa existência se relativiza. Não sou tão importante, tão significativo neste universo, mas apenas uma parte pequena num todo muito maior. Porém, faço parte dele! Eu fui previsto no plano de Deus, não existo por acaso, e isso me confere dignidade.

Talvez a estrela seja o seu símbolo porque a luz supera a escuridão e o brilho das estrelas fornece orientação e clareza.

Anjos

Muitas pessoas acham mais fácil acreditar em anjos do que em Deus. Eles parecem ser mais próximos de nós do que o grande Deus que abrange tudo. Na Bíblia, os anjos são mensageiros de Deus; estabelecem contato entre Ele e o ser humano; trazem mensagens de Deus para as pessoas; aparecem em situações difíceis. Por ocasião da gravidez de Maria, um deles diz: "Não tenhas medo" (Lc 1,30), e se dirige aos pastores, que são informados de que o Salvador nasceu (Lc 2,9-11). Anjos nos encorajam, trazendo confiança. Eles aparecem em sonhos e nos instruem o que devemos fazer. José vê um anjo no sonho, que o convence para tomar Maria como sua esposa, mesmo ela estando grávida de um filho que não é dele (Mt 1,20-21). E quando Jesus nasce, novamente José é visitado por um anjo, que o orienta a fugirem para o Egito, pois Herodes pretende matar a criança (Mt 2,13-18). Anjos ajudam e oferecem proteção (Sl 91,11-12) e até cantam (Lc 2,13-14; Ap 5,11-12). Não importa como imaginamos os anjos, eles sempre irradiam algo positivo e nos transmitem leveza e alegria.

Talvez o anjo como símbolo o encoraje a lidar com ferimentos porque ele lhe transmite confiança, proteção, leveza ou nova alegria vital.

Maria

Maria representa a força feminina, é símbolo das mulheres fortes na Bíblia. Ela, uma humilde mulher judia, traz Deus para o mundo. Sem Maria não haveria nascimento de Deus; sem ela, Deus não teria se tornado homem. Por isso, é um grande símbolo de transformação: Deus se torna humano – nenhuma outra religião conhece isso. Deus assume uma forma concreta, torna-se carne e osso por meio de Maria! Ela é aquela que concebe, que está aberta e pronta ao que está por vir. Ela confia e encontra a coragem de dizer: "Aconteça comigo segundo a tua palavra" (Lc 1,38).

No cântico de louvor de Maria, *Magnificat* (Lc 1,46-55), ela aceita sua tarefa com muita autoconfiança e grande alegria. Ela louva a Deus, que vira tudo de ponta-cabeça, que derruba dos tronos os poderosos e que levanta os humildes, que alimenta os famintos e tira tudo dos ricos.

Maria suporta tensões, carrega e sente as dores dos outros. Ela não precisa de um grande palco. Está simplesmente presente, como nos mostra a narrativa das núpcias de Caná. Na hora da morte de Jesus, ela está ao pé de sua cruz, juntamente com João e Maria Madalena (Jo 19,26-27).

Muitos veneram Maria como santa. No catolicismo, ela é vista como intercessora, como mediadora. Para muitas pessoas, rezar o Santo Rosário é um ritual importante que as consola. Maria, que vivenciou e sofreu tanto, fortalece as mulheres que estão passando por experiências de sofrimento. Já que a nossa imagem de Deus ainda é predominantemente masculina, são especialmente as mulheres que se sentem atraídas por Maria. Richard Rohr comenta: "Nosso Deus masculinizado e nossa Igreja masculinizada sempre precisarão do corretivo feminino!"

Maria talvez seja seu símbolo para cura e transformação por causa de sua força interior.

Existem ainda outros símbolos bíblicos que nos dão a força para a transformação; por exemplo, a fonte, o pão e o vinho, a árvore. Escolha um símbolo que pode ajudá-lo em sua situação de vida atual.

Um tipo especial de imagens são os ícones. Muitas pessoas sentem que, quando os contemplam, uma grande força interior é liberada dentro delas. O artista permanece em oração enquanto pinta os ícones. O próprio pintor imerge na pessoa que ele pinta. Mais tarde, a pessoa que contempla a imagem costuma se sentir unida à pessoa retratada no ícone (Jesus, Maria, um santo), sendo que essa união fortalece e liberta interiormente.

Procure e encontre a sua imagem, o seu símbolo e medite sobre ele com regularidade, para que fique gravado em sua alma e se transforme numa fonte de força.

Também é possível trabalhar com símbolos que expressam algo negativo. Pense em um de seus ferimentos: Que tipo de dor você sente? É uma dor abafada, um fardo muito pesado? Nesse caso, uma grande pedra seria um símbolo apropriado para isso. Ou você tem a sensação de que algo quebrou e que você está segurando os cacos em suas mãos? Nesse caso, um caco de vidro seria realmente um símbolo apropriado. Talvez, porém, você sinta seu ferimento como uma dor aguda e afiada. Que tal usar um pedaço de arame farpado como símbolo de sua dor?

Em nossos cursos, pedimos aos participantes que coloquem seu símbolo escolhido na mão, o contemplem e se concentrem mais uma vez na própria dor, no próprio ferimento. Um sinal de cura é quando consigo soltar o ferimento ou, pelo menos, consigo me distanciar da minha dor. Por isso, convidamos os participantes a largarem o símbolo que escolheram para si mesmos. Na espiritualidade cristã, acreditamos que podemos entregar a Deus tudo aquilo que nos oprime. Jesus disse: "Vinde a mim vós todos que estais cansados e sobrecarregados". Como sinal disso, depositamos o símbolo da nossa dor junto a uma cruz deitada no chão. O ferimento não está mais comigo. Sei que ele está nas boas mãos de Deus. Isso pode provocar uma sensação de libertação e me faz perceber que existe uma possibilidade de me libertar dessa dor.

Ao longo do Caminho de Santiago, o peregrino descobre muitas torres de pedra, menores e maiores. Pessoas depositaram ali suas pedras, libertando-se de seu peso. Um local muito impressionante é o passo de Rabanales, 1.500m acima do nível do mar, onde os peregrinos depositam suas pedras – que, muitas vezes, trouxeram de casa – na grande Cruz de Ferro. Frequentemente, as pessoas choram porque sentem que realmente se libertam. Um pequeno gesto com efeito grande!

Essa libertação trará a percepção de uma nova força interior: aquilo que me esmagava e que posso entregar agora abre espaço para uma força que contribui para a superação da minha situação difícil. Novas perspectivas se abrem, esperança e confiança crescem.

Você não precisa trilhar o Caminho de Santiago para vivenciar algo semelhante.

Exercício com o símbolo do meu ferimento

Pegue uma pedra, um caco de vidro ou um pedaço de arame farpado e procure uma floresta, um campo, um riacho. Encontre dois galhos e forme uma cruz com eles. Então, de maneira consciente, deposite o objeto que você levou ao lado dessa cruz. Em silêncio, você poderá fazer uma oração ou executar esse gesto sem nenhuma palavra.
Se preferir, deposite o seu símbolo junto a uma árvore, que também é um símbolo primordial de vida, força e crescimento. Essa árvore é capaz de assumir o seu fardo. Existem também outros lugares que você poderá escolher para depositar a sua pedra, seu caco de vidro ou o pedaço de arame farpado. Talvez queira jogar seu símbolo num rio ou enterrá-lo. Tente perceber o que é o mais adequado para você.

Broken Hallelujah

Um dos hinos de aleluia é o *Hallelujah*, de Leonard Cohen, de 1984. É um aleluia *quebrantado*, não é um grito de júbilo desenfreado, mas um aleluia que é cantado a despeito de quebrantamento e ferimentos. Um aleluia, a despeito de tudo.

O que isso significa?

A partir do meio da vida somos confrontados cada vez mais com contradições e paradoxos. Até então, o trajeto da vida tem sido reto, inequívoco e claro, mas em algum momento alcançamos o ponto em que esse conceito não funciona mais. Na maioria das vezes, alguma experiência dolorosa, uma separação, por exemplo, uma perda ou doença; a vida descarrila. Ela se torna mais complicada, os padrões e mecanismos habituais não funcionam mais. Richard Rohr expressa isso da seguinte maneira: dois mais dois não é mais igual a quatro, mas talvez cinco ou oito.

A essa altura recebemos a chance de amadurecer. Eu reconheço que o trajeto da vida não está mais em minhas mãos, que perdi o controle total sobre ela; no lugar de poder e influência, eu vivencio impotência. Quando alcanço esse ponto, posso me desesperar ou encontrar um sim em minha vida com todas as suas ambivalências e imprevisibilidades. Permito que a vida me surpreenda e tento fazer o melhor da situação.

Para isso preciso da confiança e da esperança de que minha vida pode ser bem-sucedida, a despeito das dificuldades; de que existe uma vida em abundância. Então posso dizer aleluia para as rupturas na minha vida, porque elas fazem parte e porque podem até me ajudar a avançar na vida. E pode até ser muito libertador quando eu compreendo que não sou responsável por tudo na minha vida, que nem tudo depende de mim. Quando isso acontece, entendo que posso desistir da minha obsessão com a realização dos meus sonhos. Compreendo que tudo pode acontecer de forma totalmente diferente.

Não é fácil chegar a essa postura. Muitas vezes é preciso passar por uma fase de grande insegurança. Todos nós admiramos pessoas que aceitam sua vida, apesar das dificuldades; que permanecem calmas e confiantes e que agradecem por todas as coisas boas. Essas são pessoas que nos encorajam a cantar (como diz a última estrofe da música de Leonard Cohen):

There is a blaze of light in every word,
it doesn´t matter, which you heard,
the holy or the broken Hallelujah.

*

Uma luz ardente em cada palavra,
não importa qual seja que você ouve,
o aleluia sagrado ou quebrantado.

Como encontro essa postura de confiança e esperança? De um lado, preciso de autoconfiança. Devo estar ciente dos meus próprios recursos, da minha força e resistência. Contemplo o meu passado e lembro das dificuldades que consegui superar bem. Como fiz aquilo? O que me ajudou naquelas situações? Nesse contexto, os especialistas falam de resiliência, que se refere exatamente à força de resistência psíquica que protege e ajuda a superar as crises. De outro, preciso da confiança em Deus. Não preciso fazer e dar conta de tudo sozinho, algo ou alguém cuida de mim; posso assumir uma postura receptiva. Faço o que posso, e isso basta. O resto eu entrego a Deus ou a um "poder superior" (expressão dos Alcoólicos Anônimos em seu programa de 12 passos).

Em tudo o que acontece, que fazemos ou deixamos de fazer, o que vale não é: "eu ou Deus", mas "eu e Deus", ou, ainda melhor: "Deus em mim/através de mim".

Também em minha vida (U.P.-F.) o aleluia quebrantado se reflete. Aos 20 e poucos anos de idade, muitas das minhas amigas se tornaram mães; eu ainda não havia encontrado uma pessoa adequada. Isso foi doloroso. Como solteira, eu levava uma vida diferente, não pertencia ao mundo das famílias que estavam sendo fundadas. Naquela época, descobri as viagens, conheci muita gente e me alegrei com o círculo de amigos cada vez maior. Paralelamente, iniciei a *viagem interior*, a busca pelo meu caminho espiritual. Pouco antes de completar 40 anos de idade, conheci um homem. Aos 40 e poucos, eu estava casada.

Meu marido tinha uma filha do primeiro casamento. No início, ela morava com a mãe, mas, aos 14 anos de idade, veio morar conosco. Assim, passei a ter uma enteada, que agora já é uma mulher adulta, está na faculdade e se torna cada vez mais independente.

Vivenciei repetidas vezes que expectativas são frustradas, que a vida segue um rumo diferente; são momentos dolorosos. Em retrospectiva, porém, consigo dizer sim a isso, encontrar um aleluia porque percebo o quanto essas rupturas menores e maiores me marcaram de forma positiva e me enriqueceram.

Biografias encorajadoras

Admiramos pessoas que seguem seu próprio caminho, que buscam realizar seu objetivo, não importa como seu ambiente reaja. Ferimentos são inevitáveis nesse caminho. Mas é justamente por isso que prezamos essas pessoas, porque, evidentemente, estão dispostas a permitir que sejam feridas, não fogem de confrontos e se dispõem a pagar o preço de humilhação e rejeição. Pensamos em grandes personalidades como Dietrich Bonhoeffer e Martin Luther King. Eles foram tão fiéis à sua missão, que arriscaram a sua vida. Essas são situações de exceção. Graças a Deus, normalmente não somos obrigados a ir tão longe. Mesmo assim, essas pessoas podem nos servir como exemplos, pois nos encorajam a sermos fiéis a nós mesmos, aos nossos objetivos, ao nosso jeito de moldar a vida.

A seguir, não falaremos dessas personalidades famosas, mas das biografias de nosso próprio ambiente, que, apesar de também serem incomuns, são mais próximas.

Sabriye Tenberken

Sabriye Tenberken nasceu em Colônia, em 1970, e cresceu na região de Bonn. Aos 12 anos, ficou cega em decorrência de uma doença retinal incurável. Ela frequentou a escola para deficientes visuais em Marburgo e prestou vestibular. Um professor a encorajou a desenvolver visões para o futuro. Seu desejo era aprender línguas, viajar, escrever, desenvolver algo próprio. Quanto mais as pessoas riam dessa ideia, mais forte se tornava sua determinação. Depois de uma visita a uma exposição interessante sobre a história e cultura do Tibete, ela decidiu estudar ciências asiáticas e tibetologia.

Durante a faculdade, desenvolveu um tipo de braile que lhe permitia ler textos tibetanos. Ela foi para o Tibete, viajou pelo país de ônibus, de caminhão e a cavalo para descobrir como os deficientes visuais viviam naquele país. Devido ao alto nível de radiação ultravioleta, desnutrição e falta de acesso ao sistema de saúde em casos de infecção retinal, a cegueira é bastante frequente no planalto tibetano.

No budismo, deficiências e enfermidades físicas, principalmente quando a pessoa já nasce com elas, costumam ser vistas como castigo por erros cometidos na vida anterior. Muitas vezes, os pais acreditam que seus filhos estão possuídos por demônios. Em seu desespero, eles os levam a um curandeiro para que este expulse os espíritos malignos ou os escondem em sua casa. Sabriye ficou chocada e decidiu fundar uma escola interna para deficientes visuais em Lhasa, capital do Tibete. Ela recebeu o apoio de Paul Kronenberg, um holandês que ela tinha conhecido pouco antes em Lhasa como turista mochileiro.

Eu (U.P.-F.) conheci Sabriye durante uma palestra em Bonn, em 1998. Ela me conquistou imediatamente com seu empreendimento aventureiro. Uma deficiente visual que funda uma escola para deficientes visuais num país que não poderia ser mais desafiador para um empreendimento desse tipo – isso me deixou fascinada. Como alguém encontra tamanha força, uma fé inabalável em seus objetivos e propósitos? Como ela lidava com todos os ferimentos que tinha sofrido até então? – a própria cegueira, mas também as reações dolorosas das pessoas à sua volta; as portas de organizações caritativas que se fecharam para ela quando souberam de seu projeto. Com esse sentimento de ser uma excluída, inútil? Com os obstáculos burocráticos em seu caminho de realizar o seu sonho?

Estas perguntas foram respondidas quando visitamos Sabriye em Lhasa, em 2004, com um pequeno grupo da associação, recém-fundada, Braile Sem Fronteiras. Em conversas, mas principalmente observando-a em ação, descobrimos como ela administrava sua vida e a escola para deficientes visuais que havia conseguido fundar.

Ela sabe por experiência própria como é ser tratada injustamente, marginalizada e não levada a sério por causa de uma deficiência. Ela gosta de dizer: "Sou cega, mas não sou burra!" A raiva que as injustiças provocam nela lhe dá a energia e a força para defender a justiça, para realizar ideias, mesmo que os obstáculos sejam muitos. Ela recebe o apoio de Paul Kronenberg, mas também da família e de um círculo de amigos fiéis. Eles encorajaram Sabriye, e sua confiança nela é inabalável.

Exercício

A maioria de nós não enfrenta desafios tão grandes como a cegueira de Sabriye. Mas podemos aprender como ela a lidar com a raiva de forma positiva. Posso perguntar a mim mesmo: Quando fico com raiva? Eu realmente conheço a raiva, eu já senti raiva de verdade? O que essa raiva quer que eu faça?

É possível que tenha chegado a hora de dizer não, de impor limites, de exigir os meus direitos. Raiva é um sentimento forte. Isso significa que, quando estou com raiva, eu tenho muita energia. O que faço com essa energia? Seria uma pena desperdiçá-la, permitir que ela evapore ou até mesmo que destrua algo. Talvez eu possa aproveitar essa energia e partir para a ação, defender uma causa, convencer outras pessoas, recrutar companheiros de luta e construir algo. Em tudo isso, é bom receber apoio, ter pessoas que me ajudem.

> Posso perguntar a mim mesmo: Quem me encoraja, quem está disponível quando preciso de ajuda? Quais dos meus relacionamentos são importantes e me dão força? Principalmente quando me sinto ferido, esse ambiente fortalecedor é de grande importância.

A mensagem de Sabriye para as crianças com deficiência visual diz: se você for forte, os ferimentos não podem afetá-lo. Se quiser ser forte, precisa ser autoconfiante! Essa autoconfiança pode ser desenvolvida e incentivada. No fundo, trata-se sempre de desenvolver coragem, descobrir as próprias qualidades e usá-las de forma criativa. Desafios são bons, e às vezes precisamos testar nossos próprios limites, aprender a decidir o que é bom para nós mesmos e o que não é, agir com responsabilidade própria, aprender com os erros.

Autoconfiança é, portanto, uma chave para ser menos vulnerável. Quando conheço minhas qualidades torna-se mais fácil aceitar minhas fraquezas. Quando alguém me critica e aponta meus pontos fracos, posso admiti-los e, ao mesmo tempo, lembrar-me dos meus dons e talentos. Posso dizer a mim mesmo: Não sou tão bom nessa atividade, é verdade; porém, sou muito melhor em outras! Eu posso ser desorganizado, mas sou criativo. Ou: Não sou muito bom em tomar decisões rápidas nem gosto muito de ideias malucas, mas sou muito fiel e confiável.

Elementos importantes na escola para deficientes visuais são a arte, a música e o teatro. Criatividade e imaginação não respeitam fronteiras e unem as pessoas. Ao lado de um currículo apertado, existe muito espaço para brincadeiras divertidas. A atmosfera é descontraída, as crianças cantam muito, aproveitam a vida e são gratas pelos muitos incentivos.

> ### Exercício
>
> Assim, posso perguntar a mim mesmo: O que eu realmente gosto de fazer? O que desperta meu entusiasmo? Como consigo equilibrar a pressão do trabalho? O que amo fazer a ponto de esquecer o tempo? Em quais situações eu me sinto leve e solto? Quanto mais instável é o meu humor, mais me exponho à possibilidade de ser ferido. Por isso, aquelas horas em que eu me sinto absolutamente bem, em que recarrego as baterias com energia e estabilidade, são muito importantes. Esses momentos positivos funcionam como ancoradouros. Eles me dão apoio e incentivam minha autoconfiança.

Sabriye encoraja seus alunos a desenvolverem visões para o futuro, a descobrirem o que desperta seu entusiasmo, aquilo que realmente querem aprender.

Exercício

É importante perguntar: Quais são minhas metas e visões? Eu tenho sonhos? Como quero que a vida seja em cinco ou dez anos? Quais seriam os próximos passos? Quando tenho planos e ideias para o futuro eu sinto que viver vale a pena. Estou confiante e tenho mais força para o dia a dia, para o presente, com todas as situações que machucam, magoam, ferem. Quando tenho uma perspectiva, a vida continua.

Por que falamos da biografia de Sabriye? Ela nos mostra que vale a pena correr atrás de metas, mesmo que frustração e ferimentos sejam inevitáveis. Ela poderia ter inventado o provérbio: "Cair é humano, ficar deitado é mortal, levantar-se é divino!" Levantar-se a despeito da paralisia causada por ferimentos, olhar para a frente e deixar o passado para trás.

Evidentemente, é mais fácil dizer do que fazer isso. Mas trata-se de colocar um ponto-final naquilo que passou e perguntar a mim mesmo: Quanto poder quero dar ao ocorrido? Quero que aquilo fique me puxando infinitamente para baixo ou quero dar uma chance ao meu futuro? Eu olho para a frente com toda a confiança, segundo o lema: "Hoje é o primeiro dia do resto da minha vida". Foi essa a energia que percebemos claramente em Sabriye.

Para transformar ferimentos, é útil fixar o olhar em algo novo, em um novo propósito, em novos encontros. Isso se revela claramente na seguinte situação que provavelmente todos já vivenciaram: quando nos apaixonamos, de repente o mundo todo parece ser diferente. "Um novo amor é como uma nova vida!" De repente, vemos o mundo todo através de óculos cor-de-rosa. Os problemas diminuem, tudo passa a assumir uma energia positiva. Esse novo sentimento é tão forte, que velhas feridas podem ser curadas. Acho esse processo muito interessante e notável porque ele mostra como tudo pode ser relativo. Uma dor profunda pode ser dissolvida diante de uma nova situação, um novo encontro. Isso é muito reconfortante! Quando encontro algo que me comove fortemente no nível emocional, isso ameniza a sensação de dor e ferimento.

Outro exemplo de experiência própria: num tempo em que eu não estava muito bem, em que relacionamentos não se desenvolviam como eu esperava e uma decepção generalizada se apoderou de mim, descobri o teatro. Uma amiga tinha chamado minha atenção para um curso intensivo. A atuação me trouxe muita alegria, eu conseguia me concentrar totalmente naquela atividade e, aparentemente, também tinha algum talento. O diretor depositou tanta confiança em mim, que pediu que eu me apresentasse com atores profissionais. E assim, inesperadamente, vi-me no palco de dois teatros, em Bonn e em Colônia. Essa experiência, a alegria que senti ao atuar, os novos contatos que resultaram disso, tudo isso acabou encobrindo a fase triste da minha vida. De importância decisiva foi a experiência de que a vida continua, e não só a vida; a esperança e a confiança também continuam: a vida sempre traz novas surpresas e novos caminhos. Na minha opinião, esta é uma chave para a superação de dores: encontrar algo que consegue me entusiasmar de novo, ir ao encontro de pessoas, ter a coragem de me envolver novamente. Isso não é fácil; muitas vezes falta a energia necessária e eu não consigo. Nesses casos, posso orar: "Deus, eu não consigo fazer isso sozinho. Ajuda-me!"

Voltando mais uma vez para Sabriye Tenberken: o governo chinês mandou fechar a escola para deficientes cegos, alegando que o contrato havia vencido, e se recusava a renová-lo. Sabriye e Paul tiveram de sair do país. Foi um duro golpe! Eles continuam em contato com seus amigos e com as pessoas que dão continuidade ao seu trabalho no Tibete. Muitos dos alunos que se formaram na escola estão agora na faculdade ou exercem sua profissão dos sonhos, administram um jardim de infância inclusivo ou uma clínica de massagem. Isso é um grande sucesso e confirma que o trabalho valeu a pena.

Depois disso, Sabriye e Paul fundaram um centro de formação para pessoas com deficiências de todos os tipos e para pessoas marginalizadas em Querala, na Índia. Pessoas do mundo inteiro vão para lá para, num curso de sete meses, aprender a realizar suas visões de um convívio mais justo em seu próprio país.

Sabriye e Paul conhecem derrotas e o êxtase da vitória. E eles continuam convencidos: existe um caminho que leva adiante, mesmo que este não seja o caminho que imaginaram. Vale a pena levantar-se e andar!

Exercício

Isso vale certamente para todos nós. Nossa vida é marcada por decepções e derrotas, mas também por períodos de sucesso e felicidade. Por vezes, predominam as primeiras; em outras, os segundos. Quando olho para minha própria vida posso me perguntar como eu superei crises e derrotas. Como consegui me reerguer. Talvez eu constate que existe em mim uma força que me capacita a seguir continuamente um caminho novo.

Alfred Kreutzberg

Nossa primeira visita a Alfred Kreutzberg começou com uma surpresa. Queríamos contratar seus serviços como advogado e esperávamos encontrar um escritório perfeitamente arrumado. Mas ainda enquanto subíamos a escada para o primeiro andar, mergulhamos num mundo de cores. Por toda parte havia pinturas a óleo ou aquarelas de todos os tamanhos. Uma funcionária nos conduziu até seu escritório, também cheio de pinturas. Ela nos preparou para o encontro com o jurista. Alguns minutos depois, o Sr. Kreutzberg entrou na sala: um homem baixo, muito curvado. Suas mãos tremiam constantemente. Alfred Kreutzberg, ou A.K.M., como seus amigos o chamam, logo nos explicou que ele sofria da Doença de Parkinson havia mais de 20 anos. Mas ele não permitia que isso arruinasse seu humor e não estava disposto a lhe dar o poder sobre sua vida.

Após nos dar seu conselho jurídico, ele nos mostrou sua galeria, que se estende por dois andares acima do seu escritório. O visitante é recebido por uma sinfonia de cores. Em muitas das pinturas aparecem corações, um pássaro colorido ou um peixe.

O coração representa o amor; o pássaro, a liberdade. É evidente que a pintura exerce um fascínio sobre Alfred Kreutzberg. Essas pinturas irradiam uma alegria que não está disposta a dar nenhum espaço a pensamentos sombrios.

Desde aquela tarde, mantemos contato com o pintor talentoso e um pouco maluco. Ele descreve a história da sua vida da seguinte forma: nascido em 1947, em Marktbreit; faculdade de Direito em Bonn e Munique; advogado autônomo. Desde 1951, não viveu um único dia sem arte e, até 1992, tampouco sem movimento. Ele era um homem atlético, participava de corridas de ciclismo, jogava *badminton* e tênis; tudo isso num nível profissional. Atravessou os Alpes várias vezes de bicicleta, teve sucesso na profissão, trabalhou em tribunais federais, era um conhecido político regional em Bad Honnef e nunca teve problemas financeiros. Ou seja, um sortudo. Em 1992, durante um jogo de golfe, percebeu que sempre batia o taco duas vezes no chão. "Eu soube imediatamente que algo estava errado. Quando o tremor piorou, eu sabia que estava com a Doença de Parkinson. Mas decidi imediatamente que acolheria esse hóspede indesejado em meu corpo – não que eu tivesse tido outra opção – e o domaria com amor!" Conseguiu fazer isso durante muitos anos com a ajuda de remédios e da pintura. A.K.M. pintava pelo menos um quadro por dia; muitas vezes, paisagens de sua região natal, mas também corações, pássaros ou peixes. Isso lhe ajudou quando a doença piorou, sua postura foi ficando cada vez mais curvada e ele passou a precisar de ajuda.

"A arte torna mais fácil aceitar o meu Parkinson! Ele não tem nenhuma chance contra a alegria vital e não me ocupará de forma negativa. O mais inteligente não cede; no entanto, precisa realmente ser mais inteligente. A cada dia, vivencio o nascimento de uma nova obra. Estou viciado, vivo viciado; mas, graças a Deus, não sou punido por isso. Ao contrário, sou recompensado com a alegria e os sentimentos dos contempladores quando eles descobrem a alma da minha obra: a minha e a sua própria."

Um quadro do artista foi intitulado *AKM recupera a cruz*. Ele não quer que a cruz seja um lugar da dor, do sofrimento, da morte, mas que ela seja vista como um símbolo de esperança e libertação. Por isso, suas cruzes não são apenas sombrias e tristes, pois pretendem mostrar a superação do sofrimento. Ele usa cores que brilham e quer que a luz do sol também brilhe entre nós. Durante nossa conversa, A.K.M. disse: "Eu quero que meus quadros nos encorajem a acreditar no amor e na liberdade, que todos nós precisamos para viver e sobreviver". Para mim (R.F.), essa afirmação bastou para convidá-lo a fazer uma exposição em nossa igreja. Os quadros de Alfred Kreutzberg banharam a nossa linda mas escura igreja com uma atmosfera alegre e, ao mesmo tempo, apropriada para esse espaço. Percebi como luz e cores são importantes para as pessoas que vão para a igreja.

É por isso que, há séculos, as igrejas usam vidro colorido em suas janelas. O efeito disso pode ser visto claramente na Catedral de Palma, em Mallorca. Se você for à missa às 9h, verá a luz que, vinda do Oriente, cria um espetáculo de cores. No início do século XX, o artista Gaudi tinha sido instruído a permitir que a luz do Mediterrâneo invadisse a catedral. E a igreja gótica, que, até então, estava ficando cada vez mais escura, recebeu uma atmosfera totalmente diferente. Cristo é o *phos hilaron*, a "luz descontraída". Isso é palpável nessa igreja.

Voltando a A.K.M. Em 2017, ele completou 70 anos de idade. Tenho certeza de que ele ainda pintará muitos quadros! Sua galeria em Bad Honnef merece uma visita. Talvez ele também receba você com uma piada. Ele adora contar piadas sobre sua deficiência. Contou-me que tinha pedido a Deus: "Senhor, faz com que eu trema para que eu possa pintar uma linda palmeira. Ele me ouviu, fez-me tremer, mas depois esqueceu de desligar o tremor porque estava ocupado demais com outras coisas!"

Os encontros com A.K.M. me fazem bem. Meu *Pássaro de Kreutzberg* adorna uma parede do meu quarto. E quando acordo, desejo-lhe um bom-dia e sou grato pelo novo amanhecer. Alfred Kreutzberg é, no sentido verdadeiro da palavra, um artista da vida.

Kit de emergência para ferimentos

Quando estou ferido, é bom entender o mais rápido possível o que aconteceu e encontrar uma maneira de lidar com isso de forma positiva, sem que eu me fira ainda mais e desnecessariamente.

• Primeiro imagino internamente um sinal de Pare!; ou seja, antes que meus sentimentos negativos me atropelem, eu me distancio da situação, conscientizo-me de que ferimentos são uma expressão de relacionamentos humanos e, muitas vezes, se devem à incapacidade, falta de atenção ou equívocos, raramente a uma intenção maldosa. Cada um tem a sua história. Cunhagens e necessidades diferentes geram conflitos.

• Eu me conscientizo de que possuo um núcleo divino que é invulnerável. Minha dignidade como ser humano permanece inviolável. Posso imaginar um escudo de proteção, projetar uma imagem interior, mostrando-me que estou protegido. Alguns exemplos: um escudo de proteção que carrego diante de mim, uma fortaleza na qual posso me refugiar, um muro que estabelece um limite ou luz divina que me cerca. Seja criativo! Procure um símbolo de proteção que funcione para você. Se eu conseguir assumir uma posição de força, permanecerei o moldador da minha vida e não me sentirei como vítima.

• O corpo é um instrumento importante para sentir e expressar força e poder. Principalmente quando um ferimento me paralisa, movimentar-me faz bem, não importa como. Tente descobrir o que mais combina com você: fazer uma caminhada, correr, socar um saco de boxe, nadar, andar de bicicleta... A respiração fica mais profunda, a circulação sanguínea é estimulada e a musculatura é fortalecida.

Duas perguntas ajudam em situações desse tipo:
1) O que a situação me diz?

• Tento identificar meu sentimento predominante. É tristeza, raiva ou medo? Por trás de cada sentimento negativo esconde-se uma necessidade não satisfeita. Tento reconhecer essa necessidade. O que foi tirado de mim na situação que me feriu? Amor, reconhecimento, segurança, confiança, liberdade? E qual é minha necessidade agora?

• Se o ocorrido me lembrar de um ferimento antigo, talvez seja esse o motivo pelo qual eu esteja reagindo tão fortemente. Talvez seja essa a razão pela qual a dor é tão profunda?

• Qual foi a minha participação na situação; isto é, em que medida a situação tem a ver comigo, com minha estrutura básica, meu caráter? Faça algumas anotações sobre isso.

• Tento olhar para a outra pessoa. Por que ela se comportou daquela forma? O que se esconde por trás de seu comportamento? Qual foi a motivação? Qual era a necessidade dela?

• Tento mudar de perspectiva e me colocar no lugar da outra pessoa. Talvez isso me permita interpretar a situação de maneira diferente. Também aqui aconselhamos que você faça algumas anotações.

• Quando se trata de um ferimento que não foi provocado por outras pessoas, mas que deve ser aceito como um "golpe do destino". Por exemplo, em caso de doença ou uma experiência de perda, eu me conscientizo de que a vida é imprevisível, que existem poderes que nós não conseguimos explicar, que acontecem coisas que não temos como controlar. A vida é assim, e eu não sou o único que sofre com isso. Em algum momento, todos nós somos confrontados com uma situação desse tipo.

2) Como lido com a situação?

• Eu pergunto o que me faria bem agora. Tento mobilizar as minhas fontes de força. O que me ajuda? Em quais lugares posso recarregar minhas baterias? Na natureza, em uma igreja ou em algum outro lugar de minha preferência? Quais pessoas podem me apoiar?

• Eu busco uma conversa com o agressor; isto é, eu me abro ou decido deixar como está? Reflito sobre as vantagens e as desvantagens de cada possibilidade. Também aqui pode ser útil fazer algumas anotações.

• No caso de padrões de ferimento que se repetem, lembro das três possibilidades: *love it* (aceitar a situação e me proteger ao mesmo tempo), *change it* (buscar mudanças) ou *leave it* (sair da situação, abandonar o ambiente que me machuca).

• No caso de golpes do destino e da impotência que isso evoca, é bom dar espaço ao luto e encontrar maneiras de expressar a minha dificuldade, o meu peso; seja verbalmente em conversas com outras pessoas de confiança, seja por meio de outras formas criativas. Tento desenvolver autoconfiança e confiança em Deus, para que eu tenha acesso à força necessária para superar a situação. Talvez eu possa até adquirir algum novo conhecimento e fazer uma experiência que me ajude a amadurecer.

• Ao mesmo tempo, tente não perder de vista as coisas boas em sua vida; ser grato pela beleza, por tudo aquilo em que foi bem-sucedido. Quando mantenho isso em vista, consigo fortalecer a minha confiança de que existe um caminho, uma perspectiva.

Posfácio

Caminho ao longo de uma estrada.
Deparo-me com um buraco profundo.
Caio nele.
Estou perdido.
Estou sem esperança.
A culpa não é minha.
Uma eternidade passa até eu conseguir sair.

Caminho ao longo da mesma estrada.
Deparo-me com um buraco profundo.
Caio nele de novo.
Não acredito encontrar-me novamente no mesmo lugar.
Mas a culpa não é minha.
Outra eternidade passa até eu conseguir sair.

Caminho ao longo da mesma estrada.
Deparo-me com um buraco profundo.
De novo, caio nele...
Por hábito.
Meus olhos estão abertos.
Sei onde estou.
A culpa é minha.
Consigo sair imediatamente.

Caminho pela mesma estrada.
Deparo-me com um buraco profundo.
Dou a volta.

Caminho por outra estrada.

É bom encontrar e seguir outras e novas estradas.
Às vezes, porém, abismos se abrem, não importa por onde caminhe.
E então?
Algo chegou ao fim irrevogável, algo quebrou na minha vida.
O que me ajuda nesses pontos baixos?
Como posso suportá-los?

É possível se eu encontrar em *meu interior* alguma força que me sustenta, que suporta.
Então, abrem-se novos horizontes *em meu interior*, algo pode se tornar mais amplo dentro de mim.
Às vezes, buracos e abismos são necessários para que isso aconteça.

Não se esqueça do humor!

Uma anedota, uma piada ou uma situação engraçada nos fazem rir ou, no mínimo, sorrir. Querendo ou não, naquele momento, o nosso estado de espírito é descontraído, nós fazemos a experiência de que ainda existe outra coisa além da dor do ferimento. O que nos faz especialmente bem é quando conseguimos rir de nossas próprias fraquezas e não nos irritar com as dos outros. Quando podemos constatar com um olhar misericordioso: "Ah, ela voltou, minha obsessão com o perfeccionismo", ou: "Aí está ela, a lentidão da minha esposa ou o lado caótico dos meus filhos!"

Não queremos contemplar o humor na teoria, mas permitir que ele desdobre seu efeito de forma prática. Queremos fazê-lo rir:

> Um padre e um motorista de ônibus morreram e chegaram ao portão do céu no mesmo instante. Pedro olhou para os dois, depois disse ao motorista de ônibus: "Você pode entrar no céu". Ao padre, ele disse: "Sinto muito, antes de entrar no céu, você deve passar um tempinho no purgatório". Escandalizado, o padre exigiu uma explicação. "Quando você pregava, as pessoas sempre dormiam", disse Pedro, e apontou para o motorista de ônibus. "Mas quando ele dirigia, todos rezavam."

Faz bem poder falar sobre os nossos ferimentos, sentir-se compreendido e consolado. Mas também é importante se juntar a pessoas que saibam, de forma positiva, desviar a nossa atenção da dor, que irradiem leveza e descontração. Busque constantemente a oportunidade de estar com esse tipo de pessoas. Não se esqueça de rir!

Lidar com ferimentos com descontração?
No início, nós, como autores, tivemos problemas em aceitar a capa deste livro. Ela não é demasiadamente amável e positiva em vista dos ferimentos profundos? O leitor se sentirá levado a sério? Nossas ressalvas se transformaram no desejo de que leveza e descontração possam ajudar você a, como o ouriço e o cacto, aceitar e aprender a amar os seus próprios espinhos, os dos outros e os da vida em geral.

Referências

Sobre o tema "ferimentos"

EGER, E.E. *Ich bin hier und alles ist jetzt.* Munique, 2018.
GANDHI, A. *Wut ist ein Geschenk.* 5. ed. Colônia, 2017.
GRABE, M. *Lebenskunst Vergebung.* 4. ed. Marburgo, 2009.
GRÜN, A. *Jesus als Therapeut.* Münsterschwarzach, 2011.
ROHR, R. *Vom Glanz des Unscheinbaren.* Munique, 2007.
ROHR, R. *Reifes Leben.* Friburgo, 2012.
ROHR, R. *Das wahre Selbst – Werden, wer wir wirklich sind.* Friburgo, 2013.
ROHR, R. *Zwölf Schritte der Heilung.* Friburgo, 2013.
ROHR, R. *Geheimnis und Gnade.* Munique, 2017.
WARDETZKI, B. *Ohrfeige für die Seele.* 6. ed. Munique, 2005.
WOLF, D. *Ab heute kränkt mich niemand mehr.* 4. ed. Mannheim, 2007.
WOLFERS, M. *Die Kraft des Vergebens.* Friburgo, 2013.

Sobre o tema *via crucis*

BERNARDIN, J. *Kreuzweg – Weg zum Leben.* Munique, 2006.
BÖSEN, W. *Für uns gekreuzigt?* Friburgo, 2018.

FUCHS, G. *Das grosse Buch der Kreuzwegandachten*. Friburgo, 2005.

GRÜN, A.; BINDER, H. *Kreuz als Weg zum inneren Raum*. Münsterschwarzach, 2016.

LANGENHORST, G. *Auferweckt ins Leben*. Friburgo, 2018.

LOHFINK, G. *Am Ende das Nichts?* Friburgo, 2018.

MARTI, K. *Der Aufstand Gottes gegen die Herren*. Stuttgart, 1981.

PRÜLLER-JAGENTEUFEL, V. *Den Weg zur Auferstehung weitergehen*. Münsterschwarzach, 2010.

Sobre o tema eneagrama

EBERT, A. *Die Spiritualität des Enneagramms*. Munique, 2008.

GALLEN, M.-A.; NEIDHARDT, H. *Das Enneagramm unserer Beziehungen*. 11. ed. Reinbek, 2008.

MAITRI, S. *Neun Portraits der Seele*. Bielefeld, 2001.

PALMER, H. *Das Enneagramm*. Munique, 1991.

ROHR, R.; EBERT, A. *Das Enneagramm – Die neun Gesichter der Seele*. 45. ed. Munique, 2009.

Sobre o modelo de personalidades de Fritz Riemann

RIEMANN, F. *Grundformen der Angst*. 42. ed. Munique, 2017.

Agradecimentos

Agradecemos aos participantes dos nossos cursos e a todas as pessoas que se dispuseram a falar conosco abertamente sobre seus ferimentos.

Agradecemos à Abadia de Münsterschwarzach pela possibilidade de oferecer nela os nossos cursos há tantos anos.

Ao Frei Linus Eibicht, diretor da Editora Vier Türme, que nos encorajou a escrever este livro.

À Marlene Fritsch, nossa revisora, que esteve ao nosso lado desde o início e nos acompanhou com conselhos construtivos.

Conecte-se conosco:

facebook.com/editoravozes

@editoravozes

@editora_vozes

youtube.com/editoravozes

+55 24 2233-9033

www.vozes.com.br

Conheça nossas lojas:

www.livrariavozes.com.br

Belo Horizonte – Brasília – Campinas – Cuiabá – Curitiba
Fortaleza – Juiz de Fora – Petrópolis – Recife – São Paulo

EDITORA VOZES LTDA.
Rua Frei Luís, 100 – Centro – Cep 25689-900 – Petrópolis, RJ
Tel.: (24) 2233-9000 – E-mail: vendas@vozes.com.br